Die Sieg bei Merten (Etappe 3)

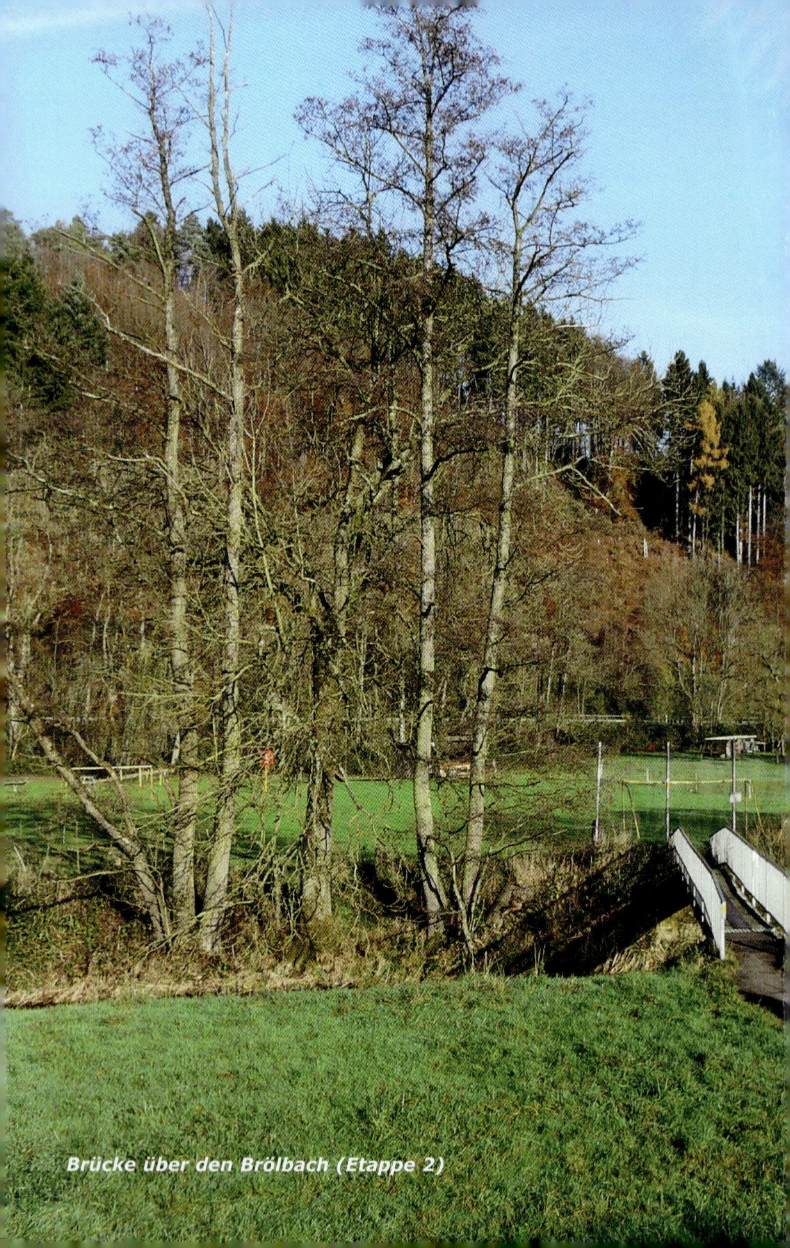

Brücke über den Brölbach (Etappe 2)

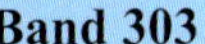

Band 303

OutdoorHandbuch

Idhuna und Wolfgang Barelds

Natursteig Sieg

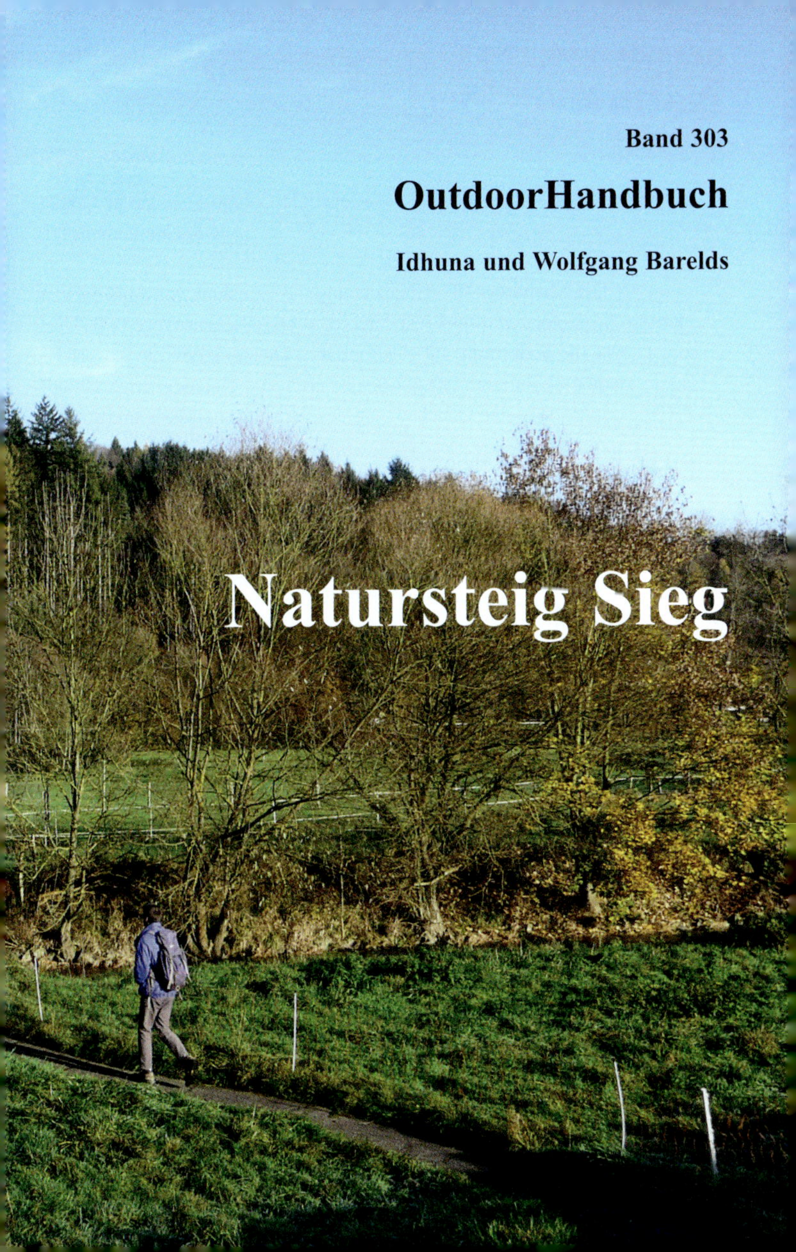

Natursteig Sieg

Die Autoren und der Verlag sind für Lesertipps und Verbesserungen (besonders per E-Mail) unter Angabe der Auflagen- und Seitennummer dankbar.

Dieses OutdoorHandbuch hat 160 Seiten mit 41 farbigen Abbildungen sowie 17 farbigen Kartenskizzen im Maßstab 1:75.000, 15 farbigen Höhenprofilen und einer farbigen, ausklappbaren Übersichtskarte. Es wurde auf chlorfrei gebleichtem Papier gedruckt, in Deutschland klimaneutral hergestellt und transportiert (die Zertifikatnummer finden Sie auf unserer Internetseite) und wegen der größeren Strapazierfähigkeit mit PUR-Kleber gebunden.

Dieses Buch ist im Buchhandel und in Outdoor-Läden erhältlich und kann im Internet oder direkt beim Verlag bestellt werden.

Titelfoto: Aussicht von der Burg Blankenberg

OutdoorHandbuch aus der Reihe „Der Weg ist das Ziel", Band 303

ISBN 978-3-86686-346-0 1. Auflage 2015

Dieses OutdoorHandbuch wurde konzipiert und redaktionell erstellt vom Conrad Stein Verlag GmbH, Kiefernstraße 6, 59514 Welver,
☏ 023 84/96 39 12, FAX 023 84/96 39 13,
info@conrad-stein-verlag.de, www.conrad-stein-verlag.de

 Werden Sie unser Fan: www.facebook.com/outdoorverlage

Text und Fotos: Wolfgang und Idhuna Barelds
Karten: Heide Schwinn
Lektorat: Amrei Risse
Layout: Manuela Dastig
Gesamtherstellung: AZ Druck und Datentechnik GmbH, Kempten

Inhalt

Einleitung

Der heute rund 200 km lange Natursteig Sieg wurde 2011 nach rund 5-jähriger Planung mit zunächst 115 km Länge eröffnet und zwei Jahre später als „Qualitätswanderweg Deutschland" geadelt. Der Fernwanderweg folgt mit 14 Etappen dem mäandernden Verlauf der Sieg von der Mündung nahe Siegburg über Au an der Sieg bis nach Mudersbach im nördlichen Westerwald. Im Frühjahr 2015 wurde er um die rund 85 km lange Strecke von Au siegaufwärts nach Mudersbach erweitert, die überwiegend durch den Landkreis Altenkirchen führt. Ab 2016 soll der Natursteig Sieg bis zur Siegquelle verlängert werden – mit noch einmal drei Etappen von insgesamt 45 km Länge.

Auf abwechslungsreicher Strecke verknüpft der Natursteig Sieg viele Sehenswürdigkeiten wie alte Burgen und Klöster entlang der Sieg. Aber vor allem führt er – wie der Name erwarten lässt – durch schöne und vielfältige Naturlandschaft entlang des Siegtals sowie auf den Höhen oberhalb der Sieg. Dabei berührt man den nördlichen Westerwald und überschreitet die Landesgrenze zwischen Nordrhein-Westfalen und Rheinland-Pfalz.

Der Natursteig Sieg lässt sich sowohl am Stück gehen – dank flächendeckender Übernachtungsmöglichkeiten – als auch etappenweise mit Tagestouren wandern. Dazu wurden die Etappen bewusst so gestaltet, dass sich die jeweiligen Anfangs- und Endpunkte der Etappen auf markierten Zubringerwegen von/zu Bahnhöfen der Siegstrecke bequem erreichen lassen. Dieser Wanderführer benennt und beschreibt diese Zubringerwege mit Hinweisen zu den entsprechenden öffentlichen Verkehrsverbindungen. Zusätzlich laden entlang des Natursteigs Sieg zahlreiche (Rund-)Wege zum Wandern ein, etwa im westlichen Teil mit 16 als „Erlebniswege Sieg" vermarkteten Tagestouren zwischen 5 und 25 km Länge. Deren Beschreibung würde aber den Rahmen dieses Wanderführers sprengen.

Die Aufteilung der Etappen in diesem Wanderführer richtet sich im Großen und Ganzen nach der offiziellen Einteilung, um somit ein schnelles Querlesen mit Broschüren zum Weg und anderen Infos zu erleichtern. Sinnvoll ist auch die offizielle sowie im Buch beschriebene Gehrichtung – von der Mündung bis zur Quelle –, wobei die Schwierigkeit der Etappen kontinuierlich ansteigt.

Noch ein Hinweis zu Beginn: Der Natursteig Sieg ist zwar schön, aber eine Illusion darf man sich nicht machen: Der Weg ist zwar nach einem Fluss, der Sieg, benannt, aber kein Uferweg – lediglich streckenweise bei den Etappen 2, 11 und 12. Die Autoren haben nachgerechnet: Von den rund 200 km des Natursteigs Sieg verlaufen kaum mehr als 4 km entlang des Siegufers. Dafür kreuzt der Steig den Fluss knapp 10-mal (inkl. Doppelzählungen bei Etappen).

Der Reiz liegt in der Tat mehr in dem gesamten Siegtal und dem Hinterland mit Burgen, kleinen Dörfern und dem nördlichen Westerwald.

Neben den Abstechern ins Hinterland folgt der Natursteig Sieg den Schleifen der Sieg und kommt damit auf eine beachtliche Länge von rund 200 km (+/- 20 km je nach Zählung von Zubringerwegen und doppelt gelaufenen Strecken), wobei die Start- und Endpunkte des Steigs (Siegburg und Mudersbach) noch nicht einmal 55 km Luftlinie voneinander entfernt liegen. Wenn Sie es eilig haben, können Sie die als Rundwanderung konzipierten Etappen 6 und 10 auch auslassen und sparen damit 45 km. Außerdem lassen sich einige Etappen zu einer kombinieren, wobei man einige Kilometer Zubringerwege spart, z. B. die Etappen 13 und 14.

Schöne Natur am Zubringerweg von/nach Hennef

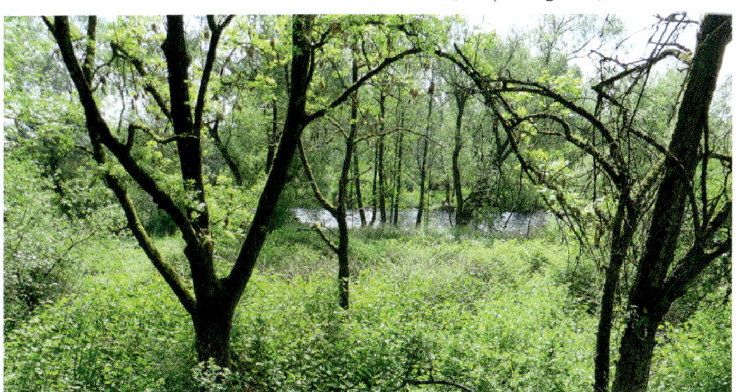

☺ Viele Wanderer begehen den Natursteig Sieg sowieso abschnittsweise, was wegen der leichten Erreichbarkeit mit der Bahn bei jeder Etappe gut möglich ist.

☺ Noch ein Hinweis: Die Autoren stellen GPS-Daten zum Natursteig Sieg auf ihrer Homepage zur Verfügung, ☞ GPS.

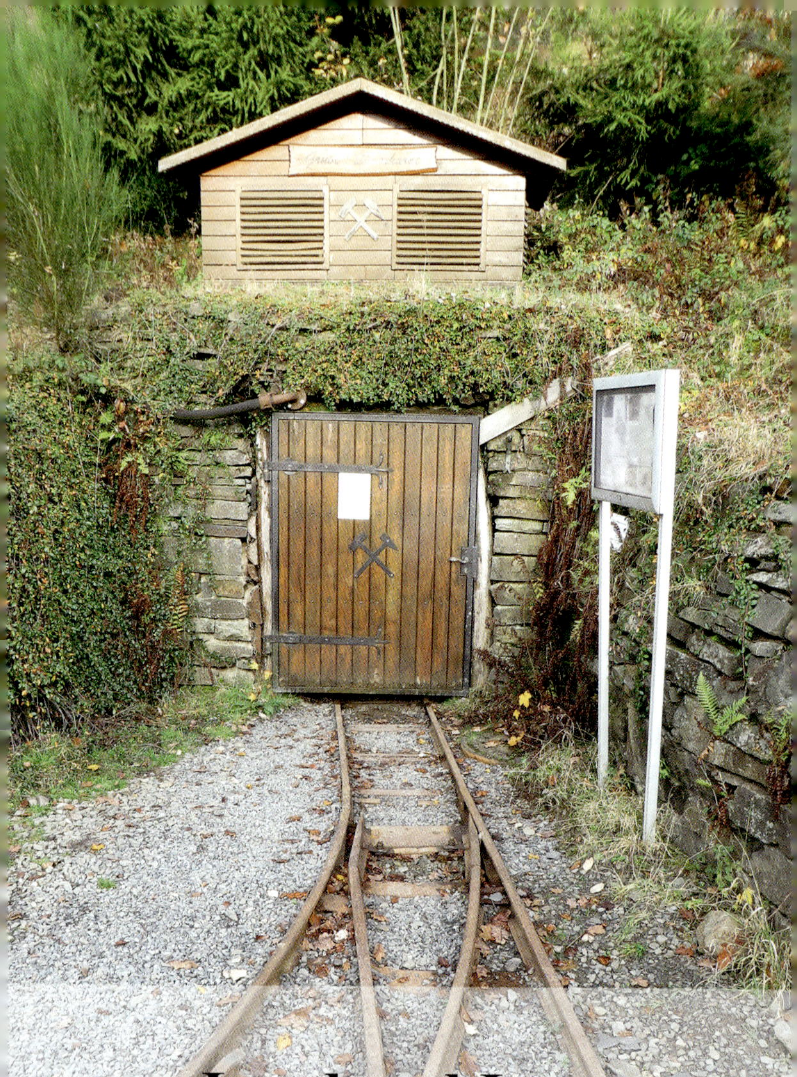

Land und Leute

Besucherbergwerk Grube Silberhardt (Etappe 8)

Geografie

Die 155 km lange **Sieg** mündet als einer der zehn größten Zuflüsse des Rheins bei Troisdorf in den zweitlängsten Fluss Europas und überwindet dabei einen Höhenunterschied von rund 560 m. Der sich daraus ergebenden Fließgeschwindigkeit verdankt die Sieg ihren Namen: Die Bezeichnung „Sieg" soll auf das keltische „sikkere" zurückgehen, was „schneller Fluss" bedeutet. Die Mündung mit einem mittleren Wasservolumen von rund 53 m^3 pro Sekunde markiert den Übergang vom Mittelrhein zum Niederrhein.

Die Sieg entspringt bei Großenbach im Rothaargebirge und bildet mit ihrem mäandernden Verlauf die Grenze zwischen Westerwald und Siebengebirge im Süden und dem Bergischen Land im Norden.

Sie durchfließt in ihrem Oberlauf, zu Beginn, das Siegerland, einen Landschaftsteil in Südwestfalen, der geografisch schwer zu fassen ist. Je nach Definition wird zum traditionellen Siegerland in Nordrhein-Westfalen mit dem Altkreis Siegen noch der rheinland-pfälzische Landkreis Altenkirchen im Westerwald mitgezählt, durch den der Ostteil des Natursteigs Sieg führt.

Die waldreiche Landschaft des Siegerlandes wird von vielen kleinen Bächen durchzogen, die in die Sieg münden. An das Siegerland grenzen im Süden der Westerwald, im Norden das Sauerland, im Nordosten das Wittgensteiner Land und im Westen das Wildenburger und das Bergische Land. Die höchsten Erhebungen liegen an den Grenzen zum Rothaargebirge und zum Westerwald und ragen etwas über 600 m auf.

Der Westerwald erstreckt sich als rechtsrheinischer Teil des Rheinischen Schiefergebirges über drei Bundesländer: Hessen, Nordrhein-Westfalen und Rheinland-Pfalz. Begrenzt wird er von den Flüssen Sieg im Norden, Lahn im Süden, Dill im Osten und Rhein im Westen. Die höchste Erhebung bildet die 657 m hohe Fuchskaute. Im nördlichen Teil des Westerwalds erstreckt sich der Landkreis Altenkirchen, gleichzeitig der nördlichste Kreis von Rheinland-Pfalz. Nördlich davon und nördlich der Sieg liegt das nach der Grafschaft Wildenburg benannte Wildenburgische Land.

Geologie

Geologisch gehört die Region zum rechtsrheinischen Teil des Rheinischen Schiefergebirges. Nördlich des Rheinischen Schiefergebirges erstreckt sich die

Niederrheinische Bucht, wozu auch Siegburg gehört - im Oberoligozän (vor rund 30 Mio. Jahren) reichte das Meer bis in den Bonner Raum hinein. Tonablagerungen aus dieser Epoche bildeten später die Grundlage des Siegburger Keramikhandwerks. Über den Tonen bildeten sich Braunkohleflöze, und nach dem Rückzug des Meeres lagerten sich Sande an: Es entstanden die für den Rhein und einige seiner Nebenflüsse charakteristischen Terrassensysteme.

Der Westerwald ist als Teil des Rheinischen Schiefergebirges wie dieses ein erodierter Rest des variszischen Gebirgssystems aus der Erdfrühzeit Europas, der Zeit des Karbon (vor etwa 350 Mio. Jahren).

Das Grundgebirge des Westerwalds wird von vulkanischen Massen aus dem jüngeren Tertiär (vor 40 Mio. Jahren) überlagert, insbesondere Basalten und Tuffen, die ebenso wie Diabas, Schiefer und Ton abgebaut werden. Früher war auch der Bergbau im Siegerländer Erzrevier von wirtschaftlicher Bedeutung.

In Teilen des Siegtals – etwa bei Mudersbach – tritt Schiefergestein an die Oberfläche, das seit dem Mittelalter abgebaut und u. a. für den Häuserbau verwendet wurde. Schiefer entstand in dieser Region vor allem im Devon vor 350 bis 400 Mio. Jahren durch Ablagerungen von feinstkörnigem Tonschlamm, der sich unter dem Auflagerungsdruck in Tonstein verfestigte. Bei der späteren Gebirgsbildung wurden die Tonsteinschichten durch seitlichen Druck aufgefaltet. Diese tektonischen Vorgänge führten zu einer neuen – geschieferten – Struktur der vormals tonigen Gesteine.

Flora und Fauna

Im Siegerland und Westerwald begegnet man den für die gemäßigten Breiten typischen Lebensräumen Mitteleuropas mit ihrer Kulturlandschaft und den dort beheimateten Tieren und Pflanzen. Besonders typische Biotope für die Region Sieg sind neben Laub- und Nadelwald in fluss- bzw. bachnahen Niederungen Auwälder sowie Hochstaudenfluren, Feuchtwiesen und Grünland, aber auch Magerrasen sowie Streuobstwiesen und Silikatfelsen. Diese Vielfalt ergibt sich vor allem aus der landschaftlichen Struktur mit mehreren (Seiten-)Tälern und Hanglagen, die in verschiedene Richtungen exponiert sind, sowie Fließ- und Stillgewässern. Die Naturschutzgebiete entlang der Sieg bieten einigen besonderen und bei uns eher seltenen Arten einen Rückzugsraum, in Bachtälern etwa Sumpfveilchen, Blasensegge, Geflecktes und Breitblättriges Knabenkraut.

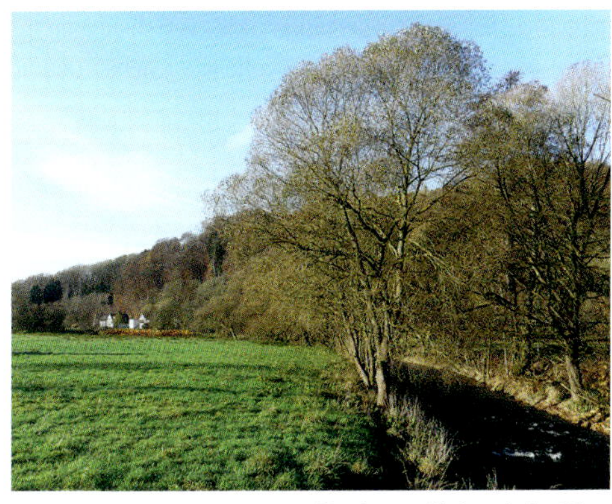
Bach am Natursteig Sieg

In geschützten Gewässerbereichen leben u. a. Edelkrebs, Bachneunauge, Groppe, Prachtlibelle, Eisvogel und Wasseramsel, aber auch Amphibien, etwa Gelbbauchunke und Geburtshelferkröte. In den Wäldern sind neben holzbewohnenden Arten wie dem Hirschkäfer u. a. Fledermäuse und Spechte anzutreffen bzw. Letztere zu hören: vor allem Mittel-, Grau-, Grün- und Schwarzspecht. Auch der eine oder andere Schwarzstorch brütet im Wald. Eher offenes Geländer bevorzugen Rotmilan und Neuntöter. Eine bei Schmetterlingsfreunden begehrte Rarität sind der Helle und der Dunkle Wiesenknopf-Ameisenbläuling, die mit kleinen, isolierten Populationen v. a. in Auenbereichen zwischen Windeck und Hennef vorkommen. Obstwiesen und Extensivgrünland wurden bzw. werden von Steinkauz, Gartenrotschwanz und Schwarzkehlchen genutzt.

Die Anzahl der Fischarten hat sich erfreulicherweise als Folge der Sieg-Renaturierung und verbesserten Wasserqualität von Sieg und Rhein deutlich erhöht. Dazu zählen auch viele Wanderfischarten wie Meerforelle, Aal, Lachs, Barbe oder Fluss- und Meerneunauge. Ende 2010 wurden an den Kontrollstationen 2.800 Lachse in der Sieg gezählt, der größte von ihnen war mehr als 1 m lang und wog 20 kg.

Naturschutz

Das sich schlängelnde Mittelsiegtal ist zwischen den Orten Führten und Troisdorf als 618 ha großes Gebiet unter Naturschutz gestellt. Die Mäander der Sieg werden vor allem durch folgende Landschaften geprägt: an den flacheren Gleithängen Grünland, an den steileren Prallhängen Wald und an Altarmen der Siegaue Erlen- und Auenwälder sowie stellenweise Silikatfelsen mit Schatten liebender Felsspaltenvegetation. Mit verschiedenen Maßnahmen wurden/werden einige vorher begradigte Uferbereiche wieder in den alten Zustand mit Mäandern überführt.

Entlang der Sieg liegen weitere bedeutende Schutzgebiete, Heimat einiger der oben genannten Arten. Das größte Schutzgebiet befindet sich flussabwärts und damit nicht mehr direkt am Natursteig Sieg: Zwischen den Städten Bonn und Troisdorf erstreckt sich das 564 ha große Naturschutzgebiet „Siegaue und Siegmündung". Die Siegmündung wurde 1986 als eine der letzten großteils naturbelassenen Mündungen von Nebenflüssen des Rheins als „Siegaue" unter Naturschutz gestellt. Diese strukturreiche Flussauenlandschaft besteht aus viel Grünland, Kleingehölzen, Pappeln und Auwaldresten. Am Rheinufer der Siegmündung gedeihen Weiden und Röhricht. Die Siegaue bietet als abwechslungsreiche Flussauenlandschaft mit Altarmen und Auwald Wasser- und Watvögeln, die hier in großer Zahl rasten und überwintern, ideale Bedingungen. Hinzu kommen bedeutsame Bestände von Fischarten der Fauna-Flora-Habitat (FFH)-Richtlinie.

Wegen dieses und anderer großer Gebiete war/ist der Rhein-Sieg-Kreis Vorreiter bei der Ausweisung von Naturschutzgebieten: Alle 119 Naturschutzgebiete des Kreises nehmen zusammen 14,9 % der Kreisfläche ein (verglichen mit 7,1 % in NRW und 3,5 % in Deutschland). Nimmt man die weniger streng geschützten Landschaftsschutzgebiete dazu, stehen sogar 66,8 % unter Schutz. Bei den vielen (unten genannten) Schutzgebieten wird deutlich: Der Fernwanderweg trägt den Namen „Natursteig" zu Recht!

Bedeutende Naturschutzgebiete entlang des Natursteigs Sieg:

- Mittelsiegtal (Etappen 1-8): 618 ha der mäandernden Sieg zwischen Führten und Troisdorf mit Grünland (Gleithänge) und Wäldern (Pralllhänge) bzw. Auenwäldern (Altarme)
- Ahrenbachtal und Adscheider Tal (Etappe 3): 177 ha großes Gebiet südlich von Blankenberg mit weitgehend naturnahen Bachläufen und darin vielen verschiedenen Biotopen
- Hohes Wäldchen auf dem Nutscheid (Etappe 5): 5 ha großes ehemaliges militärisches Gelände mit Zwergstrauchheide und Magergrünland
- Wälder auf dem Leuscheid (Etappe 6): 1.400 ha großes Waldgebiet mit alten Buchenbeständen sowie Bruch- und Moorwäldern
- Täler von Ravensteiner Bach und Krabach bei Süchterscheid (Etappe 6): 205 ha mit verschiedenen Wald- und Wiesenbiotopen

- ▷ Ehemalige Siegschleife bei Dreisel (Etappe 7): 75 ha großes Gebiet mit extensiv bewirtschaftetem Grünland und seltenen Schmetterlingsarten
- ▷ Rosbachtal (Etappe 8): 143 ha im Rosbach- und Juchtbachtal mit Bachgehölzen und Niederwald und darin 200 Rote-Liste-Arten
- ▷ Altarm der Sieg, Krummauel (Etappe 8): 19 ha bei Schladern entlang der im 19. Jh. erbauten Bahnlinie mit Auen- und Bruchwäldern sowie Stillwasserbereichen
- ▷ Silikatfelsen an der Sieg (Etappe 9): bewaldete Hänge an der Sieg mit Moosgesellschaften und Felsspaltenvegetation
- ▷ Graureiherkolonie Muhlau bei Scheuerfeld (Etappe 11): 138 ha großes Gebiet mit Flussauen im Siegtal und insgesamt 45 Rote-Liste-Arten, bekannt für Falter, Libellen, Graureiher und Eisvögel

Mit Ausnahme der Graureiherkolonie liegen alle NSGs in NRW. Infos zu allen Naturschutzgebieten in NRW:

www.naturschutzinformationen-nrw.de/nsg/de/fachinfo/gebiete/gesamt

Geschichte und Wirtschaft

Die ersten Menschen siedelten vermutlich vor 7.000 Jahren als Ackerbauer und Viehzüchter an der Sieg, während Spuren jagender Steinzeitmenschen in der Region aus einer Zeit vor mehr als 12.000 Jahren stammen. Die erste urkundliche Erwähnung einer Siedlung im Raum Hennef ist auf das Jahr 885 datiert.

Auf weniger steilen Hängen wurde Ackerbau betrieben, während seit dem Mittelalter bis zum Anfang des 20. Jh. die sonnenexponierten und teilweise terrassierten Südhänge des Siegtals mit ihren hierfür gut geeigneten Böden zum Anbau von Wein genutzt wurden, überwiegend zum Keltern von Rotwein. Schädlinge, preiswertere Konkurrenz aus dem Ausland und bessere Verdienstmöglichkeiten in den Städten führten schließlich zur Aufgabe des Weinanbaus. Auf vielen ehemaligen Weinflächen liegen heute Streuobstwiesen für Kernobst.

Eine ausführliche chronologische Darstellung der Geschichte würde den Rahmen dieses Wanderführers sprengen. Daher sei dieser Abschnitt beschränkt auf Ereignisse bzw. Episoden, die die Region bzw. die Sehenswürdigkeiten und Landschaft entscheidend geprägt haben.

Lange Zeit dominierten in der Region die Landesherren von Thüringen, der Erzbischof von Köln sowie die Grafengeschlechter von Sayn und von Berg – nach

Letzteren ist das Bergische Land benannt. Zerstörerischen Einfluss auf die großteils erstmals im Mittelalter (um 1200) urkundlich erwähnten Städte entlang der Sieg hatte vor allem der Dreißigjährige Krieg mit marodierenden schwedischen Truppen. Im 17. und 18. Jh. sorgten diverse Erbfolgekriege für Unruhe: pfälzischer (1688-97), spanischer (1701-14) und österreichischer (1740-48). Die Zeit der französischen Besetzung um 1800 bedeutete im Zuge der Säkularisation für viele Klöster das Aus. Unter der darauf folgenden preußischen Herrschaft vollzog sich die Industrialisierung. Das Siegtal erlebte Mitte des 19. Jh. durch den Anschluss an die Bahnlinie Köln-Gießen einen Boom, von dem nicht nur der Bergbau mit nachgelagerten verarbeitenden Betrieben profitierte, sondern auch andere Branchen, etwa der Fremdenverkehr. In der Zeit der Romantik bzw. der aufkommenden Industrialisierung war das urige Siegtal für die städtische Bevölkerung Düsseldorfs oder Kölns durch die Bahnanbindung nur noch einen Katzensprung entfernt; es entstanden ausgeprägte Touristenorte, etwa in Herchen.

Der Zweite Weltkrieg endete punktuell mit starken Zerstörungen, u. a. von Industrie sowie strategisch wichtigen Punkten, etwa Brücken sowie Rosbach, wo ein SS-Standort vermutet wurde. Alleine auf Siegburg fielen an zwei Tagen 4.500 Bomben (28.12.1944 und 3.3.1945). Der Verkehrsknotenpunkt und Brückenkopf Betzdorf wurde zu zwei Dritteln zerstört.

Die Region hat eine lange Tradition im Bergbau bzw. in der Gewinnung und Verarbeitung von Eisenerz, die bis ins 5. Jh. v. Chr. nachweisbar ist. Seit dem 10. Jh. wurden Erze mithilfe von Stollen, seit dem 15. Jh. mithilfe von Schächten abgebaut, ehe die industrielle Revolution im 19. Jh. den Abbau beschleunigte: Dampfmaschinen erlaubten die Schachtförderung in größeren Tiefen (bis 1,3 km Tiefe) und Eisenbahnen ersetzten Pferdefuhrwerke. 1965 wurde der Betrieb in den letzten Gruben eingestellt. Heute erinnern nur vereinzelt verschlossene Stolleneingänge und Schlackehalden an mehr als 2.000 Jahre Bergbaugeschichte. Im Siegerländer Erzrevier wurden rund 170 Mio. Tonnen Eisenerz in rund 5.000 Gruben abgebaut. Seltener wurden auch Blei, Kupfer, Zink und Silber gefördert. Vor Ort wurden auch viele Erze verhüttet. Als Energiequelle diente Holzkohle, die aus den dichten Wäldern entlang der Sieg gewonnen wurde, meistens durch Raubbau, indem große Waldflächen ersatzlos gerodet wurden. Kein Wunder, dass bei der Bedeutung des Bergbaus mit Zehntausenden Arbeitsplätzen Schmiede zu einer der angesehensten Berufsgruppen gehörten. Auch heute noch gibt es viele Betriebe im Bereich Stahlverarbeitung.

Reise-Infos von A bis Z

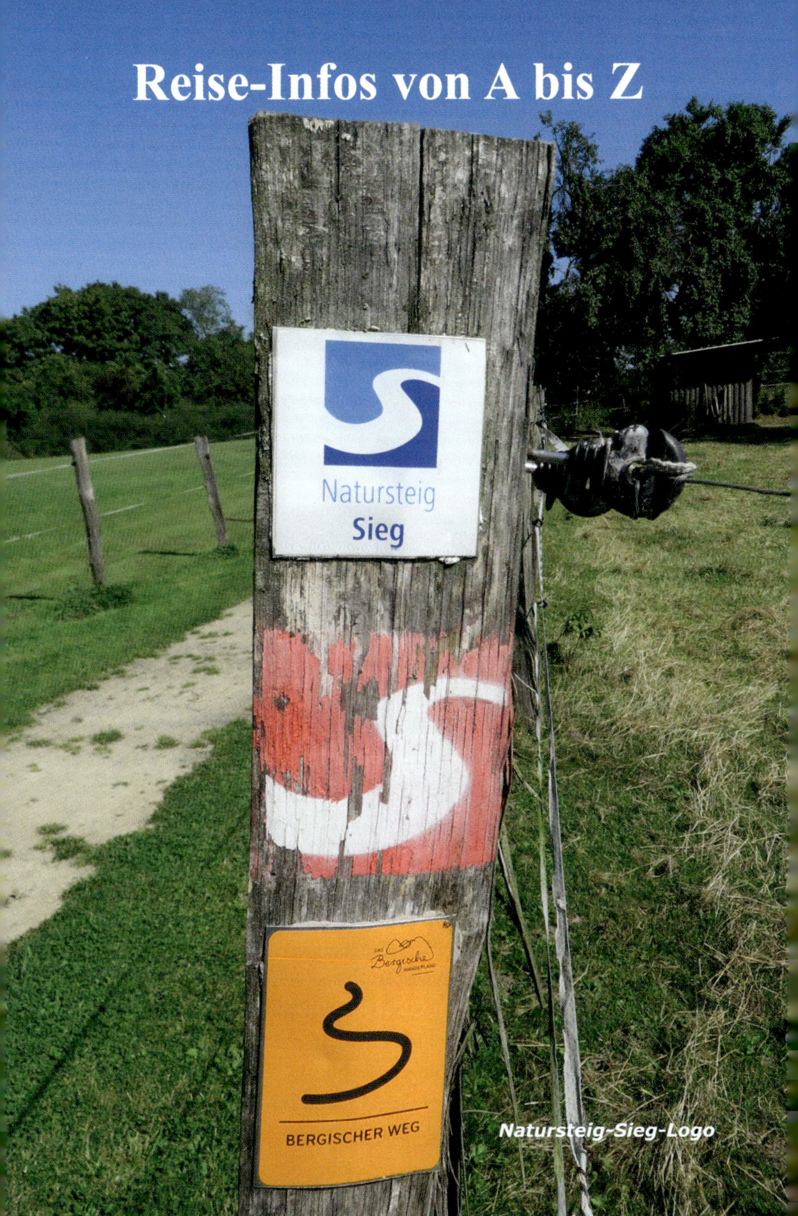

Natursteig-Sieg-Logo

Anreise

Anreise per Bahn

Hauptanreisebahnhof im Fernverkehr (ICE) ist Siegburg nahe Köln bzw. nahe dem Flughafen Köln-Bonn. Vom Bahnhof Siegburg (und Köln) aus sind alle Etappen des Natursteigs Sieg mit dem Nahverkehr der Bahn bzw. S-Bahn erreichbar: Die Planer des Wegs haben die Etappen bewusst so gestaltet, dass sich die jeweiligen Anfangs- und Endpunkte der Etappen auf markierten Zubringerwegen von rund 20 Bahnhöfen entlang des Natursteigs Sieg bequem erreichen lassen. Informationen zu den Zubringerwegen und den entsprechenden öffentlichen Verkehrsverbindungen finden Sie in der Routenbeschreibung.

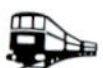 Bahnverbindungen von größeren Städten zum Natursteig Sieg

Verbindung	Strecke	Fahrthäufigkeit/Anmerkung	Betreiber
Rhein-Sieg-Express (RSX, RE9)	Aachen – Köln – Siegen	stündlich, hält nicht an allen Bahnhöfen	DB Regio
S-Bahn-Linie 12	Düren – Köln – Troisdorf – Au	stündlich, hält an allen Bahnhöfen	VRS*
Sieg-Dill-Bahn (RB95)	Au – Wissen – Betzdorf – Siegen – Dillenburg	stündlich, in Stoßzeiten halbstündlich, hält an allen Bahnhöfen	HLB*

* Kürzel: VRS = Verkehrsverbund Rhein-Sieg, HLB = Hessische Landesbahn

www.bahn.de, www.nahverkehr.nrw.de, www.vrsinfo.de

Anreise per Auto

Die Region des Natursteigs erreicht man über die rechtsrheinische A3 zwischen Köln und Bonn, die Sie am Kreuz Bonn/Siegburg verlassen. Von dort geht es auf der A560 nach Siegburg und Hennef. Ab Hennef folgen Sie am Ende der A560 der Siegtalstraße L333 über Blankenberg nach Eitorf und Windeck-Schladern. Von Schladern bis Roth bei Hamm führt die B256 durch das Siegtal und von dort bis Mudersbach und weiter nach Siegen die B62.

Weiter östlich ist das Siegtal über die A45 zwischen Sauerland und Ruhrgebiet zu erreichen (Ausfahrt Freudenberg oder Siegen).

Die meisten Anfangs- und Endpunkte der Etappen bieten Parkgelegenheiten, genauso wie alle Bahnhöfe entlang der Sieg (die meisten mit kostenlosen Parkplätzen).

☺ Wenn Sie mit dem eigenen Auto anreisen und den Fernwanderweg am Stück gehen, treffen Sie am besten mit Ihrer ersten (oder letzten) Unterkunft eine Vereinbarung, dass Sie das Auto während der gesamten Tour dort stehen lassen können.

Ausrüstung

Die Zusammenstellung der Ausrüstung hängt im Wesentlichen von der Jahreszeit sowie der Art der Wanderung ab (Etappen als Tageswanderungen oder Mehrtageswanderung). Im Folgenden finden Sie eine grobe Ausrüstungsliste, wobei die Punkte Wanderstiefel, Regenzeug und Erster Hilfe ausführlicher behandelt sind. Sollten Sie Ihr gesamtes Gewicht ständig selbst mit sich tragen (Alternative: gebuchte Pauschalen mit Gepäcktransport, ☞ unten), sollten Sie versuchen, das Gesamtgewicht des Rucksackes möglichst auf ca. 17 kg zu beschränken, anders ist das Wandern keine echte Freude!

Obligatorisch

Auf jeden Fall sollten bei jeder Wanderung dabei sein:

- ☐ gut sitzende Wanderstiefel, möglichst knöchelhoch (☞ unten)
- ☐ Regenzeug (☞ unten)
- ☐ Erste-Hilfe-Set (☞ unten)
- ☐ Sonnenschutz: Sonnenbrille, Sonnenmütze, Sonnencreme (empfohlen: im Sommer mind. Faktor 20)
- ☐ Wasserflasche (mind. 1 Liter)
- ☐ Energiereserve in Form von Müsliriegel, Trockenobst, Nüssen
- ☐ Taschenmesser, Multitool o. Ä.
- ☐ Handy mit geladenem Akku
- ☐ Karte, mind. im Maßstab 1:50.000
- ☐ Adresse der nächsten Unterkunft und/oder Wanderreisebuch
- ☐ für Camper: leichtes Zelt, Isomatten & Schlafsäcke, Kochgeschirr und Kocher

Empfohlen

Eine sinnvolle Ergänzung der Ausrüstung, aber nicht zwingend notwendig sind folgende Dinge:

- ☐ Brotzeit
- ☐ GPS-Handempfänger bzw. Smartphone mit GPS-Empfang mit gespeicherten Daten (☞ GPS)
- ☐ Kamera mit Ersatz-Speicherkarte sowie geladenem Akku bzw. Smartphone mit brauchbarer Optik
- ☐ Kleidung möglichst aus modernem Kunstfasergewebe („Multifunktionswäsche"), das schneller trocknet als etwa Baumwolle
- ☐ Sitzkissen, falls Ihnen Holzbänke, Steinmauern o. Ä. als Sitzuntergrund zu hart sind

Wanderstiefel

Wanderstiefel müssen gut sitzen, um die Gefahr der Entstehung von Blasen zu minimieren. Wichtig ist, dass die Wanderstiefel eingelaufen sind, was man am besten mit leichten, kurzen Touren zu Hause macht. Denn Blasen bilden sich vor allem an Stellen, wo sich der Stiefel noch nicht der Passform des Fußes oder Knöchels angepasst hat. Wenn dennoch die ersten Scheuerstellen entstehen, ist man mit Hansaplast oder einem in der Apotheke erhältlichen Blasenstick gut bedient, um der Blasenbildung entgegenzuwirken. Bei bereits vorhandenen Blasen sind Blasenpflaster erste Wahl (z. B. Compeed), die bei fast allen Apotheken und Drogeriemärkten in verschiedenen Größen erhältlich sind.

Bezüglich Material des Schuhs hat jeder seine Favoriten: Viele bevorzugen leichte Materialien, die auch schneller trocknen als etwa Leder. Dafür bieten die relativ schweren Lederstiefel besonders stabilen Halt. Manche Wanderstiefel sind mit wasserabstoßenden Schichten wie Goretex versehen – ein Verkaufsargument, dessen Nutzen unterwegs allerdings umstritten ist. Wohl ist eine Goretex-Schicht besser als gar keine, aber eine Garantie auf trockene Füße ist damit nicht gegeben. Wenn es kräftig genug regnet, ist es erfahrungsgemäß auch bei Goretex-Wanderstiefeln nur eine Frage der Zeit, bis diese Wasser nach innen durchlassen. Relativ sicher gegen von außen eindringendes Wasser sind Stulpen, von denen die besseren aus atmungsaktivem Material gefertigt sind.

Immer häufiger sind relativ flache Trekkingschuhe zu sehen, bei denen die Knöchel frei bleiben. Dieses von der Outdoorindustrie kräftig umworbene Segment ist luftiger und leichter und damit bequemer und nach Ansicht der Autoren

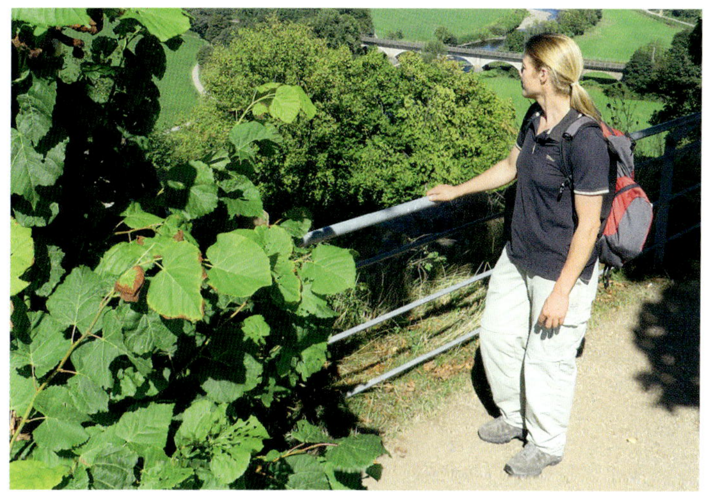

Gut ausgerüstet auf dem Natursteig Sieg

durchaus geeignet für sehr erfahrene und trittsichere Wanderer und/oder in einfachem Gelände.

Wer nicht ganz trittsicher ist, sollte lieber einen knöchelhohen Schuh wählen, denn es gibt zwar keine langen „alpinen" Passagen, aber doch einige kurze An-/Abstiege, die bei Nässe sehr rutschig sein können. Knöchelhohe Wanderstiefel schützen und stützen den Fuß besser als die niedrigeren Trekkingschuhe, was negative Folgen des Abrutschens an steilen, felsigen oder nassen Stellen minimiert und so Verletzungen verhindern kann. Außerdem schützen knöchelhohe Wanderstiefel besser vor Nässe bzw. Schlamm, wenn das Wetter mal nicht ganz so toll ist.

Regenzeug

Jeder Wanderer hofft, ohne Regen sein Ziel zu erreichen. Nach einer subjektiven Einschätzung vieler Wanderer regnet es gerade dann besonders kräftig, wenn man kein Regenzeug dabeihat. Sehen Sie den Launen der Natur in Form von Regenfällen daher lieber entsprechend gerüstet entgegen. Vor allem im Frühjahr und Herbst sind schnell einsetzende, heftige und meistens kurze Regenschauer keine Seltenheit.

Einige Methoden gegen Regen und ihre Vor- und Nachteile:

▷ **Normale Regenjacke** (oft auch Goretex): Schnell anziehbar, allerdings schwitzt man nach längerer Zeit kräftiger (auch bei Goretex), weil Schweiß nur bedingt nach außen austreten kann.

▷ **Regenhose**: Hält die Beine sowie die Stiefel trocken, weil kein Wasser in die Stiefel hereinlaufen kann. Nachteil wie oben: Die Hose wird schnell von innen feucht, weil Schweiß kondensiert. Ein weiterer Nachteil: Viele Regenhosen sind umständlich an- und auszuziehen. Nicht selten hat der Regen aufgehört, wenn man seine Regenhose gerade mühsam angezogen hat. Die Autoren empfehlen bei Regen kurze Hosen (wenn die Temperaturen nicht zu kalt sind), dann hat man keinen Ärger mit Kondenswasser sowie ständigem An- und Ausziehen. Und nackte Beine trocknen auf jeden Fall schneller als Hosen – aus welchem Material auch immer. Lediglich die Stiefel sollte man dann im Schaftbereich ggf. mit kurzen Stulpen vor hereinlaufendem Wasser schützen.

▷ **Regenüberzug für Rucksack**: Schützt Ihre Ausrüstung vor dem Regen. Bei vielen Rucksackmodellen ist ein Regenüberzug inzwischen integriert. Wenn Sie einen Regenponcho oder einen sehr weiten Regenschirm verwenden (☞ unten), erübrigt sich der Rucksack-Regenüberzug.

▷ **Regenponcho**: Sieht nicht elegant aus, hat aber den Vorteil, dass er den Wanderer mitsamt Ausrüstung sehr gut vor Regen schützt und gleichzeitig wegen seiner weiten Form für mehr Durchlüftung sorgt, d. h., man schwitzt nicht so schnell und hat innen weniger Kondenswasser.

▷ **Regenschirm**: Lange Zeit bei Outdoorfreaks verpönt, aber inzwischen bei vielen Wanderprofis der „Hit". Der Vorteil: Regenschirme schützen Wanderer (und Ausrüstung) gut vor Regen, wobei für genügend Durchlüftung gesorgt ist und man kaum schwitzt. Außerdem hat man einen trockenen „Raum" vor sich, etwa für die Wanderkarte, Wanderführer, Smartphone, Kamera, GPS-Gerät. Der Schirm ist schnell aus- und eingeklappt, d. h., man ist auch bei kurzen Regenschauern äußerst flexibel – anders als etwa bei Regenhosen und -ponchos. Inzwischen bieten viele Outdoorläden sturmerprobte und langlebige Schirme für unterwegs an.
Allerdings ist der Einsatzbereich von Schirmen eingeschränkt: Bei starkem Wind oder bei kleinen Pfaden im Unterholz mit vielen Sträuchern ist der Schirm keine echte Hilfe.

☺ Fazit: Die Autoren empfehlen die Kombination aus leichter, regenundurchlässiger, beschichteter Outdoorjacke (Goretex o. Ä.) und Schirm. Für ganz harte Fälle, d. h. sehr viel Regen, ist der Regenponcho eine erprobte Lösung.

Zeckenrisiko?

Erst einmal Entwarnung: Die Landkreise Rhein-Sieg und Altenkirchen, in denen der Natursteig Sieg verläuft, gelten nicht als Risikogebiete für Zecken. Wohl aber tauchen Einzelfälle von FSME infolge infizierter Zecken auf.

Zecken gelten als Feind aller Outdoorfreunde, tragen sie doch viele Krankheiten in sich, von denen die bekanntesten Borreliose und FSME sind.

Borreliose ist eine von Bakterien übertragene Krankheit, die viele Symptome (Unwohlsein, Kopfschmerzen etc.) haben kann und sich schwierig diagnostizieren lässt. Charakteristisch ist eine ringförmige Hautrötung um die Einstichstelle einige Tage bis Wochen nach der Infizierung durch eine Zecke. In späteren Stadien kann es zur Gesichtslähmung, Hirnhautentzündung oder Herzproblemen kommen. Daher im Verdachtsfall zum Arzt gehen! In Deutschland sind rund ein Viertel aller Zecken mit Borrelien infiziert, allerdings im ganzen Land. Eine Impfung ist nicht möglich, anders als bei ...

FSME, was für „Frühsommer-Meningoenzephalitis“ steht. Diese Erkrankung des zentralen Nervensystems, die sich ebenfalls in einer Hirnhautentzündung äußern kann, wird von einem Virus ausgelöst, der beim Menschen vor allem von Zecken übertragen wird. Die ersten Symptome gleichen denen einer Grippe. Da FSME nicht behandelt werden kann, ist eine vorherige Impfung sinnvoll - wenn man sich in einem Risikogebiet mit hoher Verbreitung der FMSE aufhält, wozu die Naturregion Sieg glücklicherweise nicht gehört.

Hinsichtlich der **Vorbeugung gegen Zecken(bisse)** werden folgende Punkte empfohlen:

- ▷ möglichst wenig Aufenthalt im hohen Gras oder Unterholz
- ▷ lange und vor allem geschlossene Kleidung
- ▷ helle Kleidung
- ▷ ggf. Insektenschutzmittel
- ▷ Absuchen des Körpers im Anschluss an den Aufenthalt in der Natur, vor allem an dünnen und warmen Hautpartien

💻 www.zecken.de

Erste Hilfe und Medikamente

- ☐ Verbandszeug
- ☐ Desinfektionsmittel
- ☐ Pflaster
- ☐ Zeckenzange
- ☐ Aspirin- oder Paracetamol-Tabletten
- ☐ Tabletten gegen Durchfall
- ☐ Salbe gegen Insektenbisse/-stiche
- ☐ Mullbinde und Hansaplast

☺ Abschließend noch zwei allgemeine Tipps:

▷ Wanderer an Sonntagen im Herbst sollten möglichst helle Kleidung tragen, evtl. mit Reflektoren, denn zu dieser Zeit wird eifrig gejagt.

▷ Bei allen Teilen der Ausrüstung gilt: Praktische und einfache Dinge sind wichtiger als modische oder nutzlose High-Tech-Accessoires.

Einkaufen

Unterwegs gibt es in allen größeren Orten Einkaufsgelegenheiten für Lebensmittel, die im Routenteil bei den Orten aufgeführt sind. Für Outdoor-Artikel ist das Angebot eingeschränkt, von daher sollte man vorab die Vollständigkeit der Ausrüstung überprüfen.

Essen und Trinken

Die Dichte an Einkehr- und Einkaufsgelegenheiten ist je nach Etappe sehr unterschiedlich. Die Öffnungszeiten mancher Einkehrgelegenheiten variieren erheblich im Jahresverlauf: Im Winterhalbjahr (November bis März) sind einige Lokalitäten gar nicht oder nur am Wochenende geöffnet. Aber auch im Sommer sind viele Einkehrgelegenheiten nur an wenigen Tagen der Woche geöffnet.

✕ Hotels, Gasthöfe und andere Einkehrgelegenheiten entlang des Natursteigs Sieg sind mit ihren Öffnungszeiten im Routenteil angegeben.

🛒 Im Routenteil finden Sie ebenfalls Einkaufsgelegenheiten wie z. B. Supermärkte.

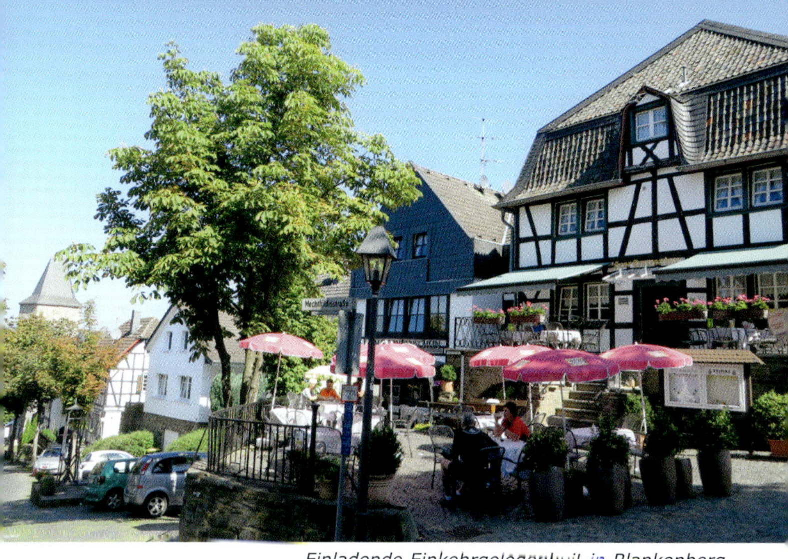

Einladende Einkehrgelegenheit in Blankenberg

GPS

Wenn Sie ein eigenes Outdoor-GPS-Gerät oder Smartphone mit entsprechender Funktion haben, ist das hilfreich, aber kein „Muss", da der Natursteig Sieg sehr gut ausgeschildert ist. Für markante Punkte sowie viele Hotels sind in diesem Wanderführer die GPS-Koordinaten angegeben - nach WGS84, dem europäischen Standard, und zwar im Positionsformat „Grad und Dezimalminuten", also ddd°mm.mmm', z. B. N 50°46.055' E 007°21.371' (N steht für Nord, also den Breitengrad, E für Ost, also den Längengrad).

Wenn Sie es ganz bequem mögen, können Sie die GPS-Tracks zum Natursteig Sieg herunterladen:

- www.wibarelds.de, Homepage der Autoren, u. a. mit GPS-Tracks und -Wegpunkten zum Natursteig Sieg (Formate gdb und gpx)
- http://gps.conrad-stein-verlag.de/303NatursteigSieg01wi58.zip (Wenn Sie diese URL in Ihrem Internetbrowser eingegeben haben (bitte auf Groß- und Kleinschreibung achten), öffnet sich entweder ein Downloadfenster oder es startet direkt ein Download. Ist Letzteres der Fall, finden Sie die GPS-Tracks (als ZIP-Datei) kurz darauf in Ihrem Download-Ordner. Mit einem Programm wie Winzip können Sie die Datei ganz einfach entpacken.)

Information

Betreut wird der gesamte Natursteig Sieg vom Projektbüro in Siegburg:

- ♦ Rhein-Sieg-Kreis, Kaiser-Wilhelm-Platz 1, 53721 Siegburg, ☏ 022 41/13 28 31, 💻 www.naturregion-sieg.de, naturregion-sieg.de/natursteig-sieg/ (offizielle Website zum Natursteig Sieg)

Örtliche Touristbüros gibt es in Siegburg, Hennef, Eitorf, Windeck, Hamm, Wissen und Betzdorf (☞ Orte). Die jeweiligen Touristikämter bieten auch Pauschalen am Natursteig Sieg an. Eine Broschüre und weitere Infos dazu gibt es auf der Website vom Natursteig Sieg (☞ oben).

Zur Region im östlichen Teil des Weges (Etappen 9 bis 14) informiert der Westerwald Touristik-Service.

💻 www.westerwald.info

Ansonsten sind bei den Orten die jeweiligen Touristbüros im Routenteil angegeben.

Klima und Wetter

Leider sind Niederschläge in der Naturregion Sieg keine Seltenheit. Die Ursache sind Steigungsregen infolge der von der Kölner Bucht ostwärts bis zum Rothaargebirge ansteigenden Landschaft. Die in dieser Breite überwiegend aus dem Westen kommenden Winde tragen feuchte Luftmassen heran, die sich mit jährlichen Niederschlagsmengen um 1.000 mm in der Region entladen.

Klimatabelle Hennef an der Sieg

	Jan	Feb	März	April	Mai	Juni	Juli	Aug	Sep	Okt	Nov	Dez
Ø Temperatur (°C)	0	2	5	9	13	16	18	18	15	11	5	2
Ø Sonnenstunden am Tag	2	3	3	5	5	6	6	6	5	4	2	1
Ø Regentage im Monat	17	15	13	15	13	14	15	16	14	15	17	16
Ø Niederschlagsmenge (mm/Jahr)	64	50	64	57	66	80	78	70	59	59	73	74

Recht gute Wettervorhersagen gibt es auf den folgenden Internetseiten: www.yr.no, www.wetteronline.de, www.wetter.com u. a. (bei Ersterem ohne Werbung, dafür auf Englisch)

Landkarten

In diesem Buch gibt es zwar kleine Karten, mithilfe derer der Weg und die wichtigsten Punkte zu finden sind, aber natürlich ersetzen sie keine gute Landkarte bzw. keinen besseren Stadtplan.

Gedruckte Karten

Karten zum Natursteig Sieg

- Publicpress: Wanderkarte Natursteig Sieg, 1:25.000, ISBN 978-3-89920712-5, € 8,95. Günstige und handliche Karte zum Falten. Außerdem aktuell: Die Verlängerung ist bei der Ausgabe vom Frühjahr 2015 berücksichtigt.
- Kompass: Wanderkarte 2501 Natursteig Sieg, 1:50.000, Leporello, ISBN 978-3-85026981-0, € 5,99

Allgemeine Wanderkarten

- Rhein-Sieg-Kreis: Naturregion Sieg, Wanderkarte 1:25.000, ISBN 978-3-86636911-5. Sehr gute und genaue Karte, die neben dem Natursteig Sieg noch die anderen bedeutenden Wanderwege der Region zeigt, etwa die Erlebnisrundwege. Allerdings werden nur die Etappen 1 bis 9 abgedeckt. Herausgeber ist der Landrat des Rhein-Sieg-Kreises.
- Landesvermessungsamt Rheinland-Pfalz: Wandern und Radfahren im nördlichen Westerwald, 1:50.000, ISBN 978-3-89637297-0, € 8,50. Ideale Ergänzung zu obiger Karte für den neuen Teil des Natursteigs Sieg (Etappen 9 bis 14).

Die bei den Landesämtern für Geovermessung erhältlichen **topografischen Karten** sind für den Natursteig Sieg ansonsten (v. a. für den westlichen Teil) weniger zu empfehlen, weil wegen der ungünstigen Zuschnitte eine ganze Menge von Karten nötig wäre (die jeweils zwischen € 5 und € 8,90 kosten – je nach Quelle). Zuständig sind die Landesvermessungsämter von Rheinland-Pfalz (RP) und Nordrhein-Westfalen (NRW).

NRW:

Im Gegensatz zu früher werden die Karten nicht gedruckt, sondern nach Anfrage geplottet und dann gefaltet, wodurch die Karten aktueller sind.

▷ Im Maßstab 1:25.000 decken folgende sieben Karten den Natursteig Sieg in NRW ab: 5109, 5209, 5210, 5211, 5212, 5112, 5113.

♦ Im Maßstab 1:50.000 sind es wegen ungünstiger Schnitte auch sieben Karten in NRW: 5108, 5308, 5110, 5310, 5112, 5312, 5114.

RP:

In Rheinland-Pfalz werden die Karten gedruckt herausgegeben:

▷ In RP sind im Maßstab 1:25.000 nur zwei weitere Karten nötig: 5212, 5213.

▷ Im Maßstab 1:50.000 bietet sich die oben genannte topografische Freizeitkarte „Nördlicher Westerwald" an.

Erhältlich sind die topografischen Karten u. a. bei:

♦ Mapfox, 💻 www.mapfox.de, für € 8,90

♦ direkt bei den Landesvermessungsämtern, 💻 www.geodatenzentrum.nrw.de, 💻 www.lvermgeo.rlp.de, ab € 5

☺ Einfacher und günstiger ist es, sich gezielt eine Wanderkarte für den Natursteig Sieg zu besorgen (☞ oben).

Digitale Karten

Wer ein GPS-Gerät bzw. Smartphone mit entsprechenden Funktionen hat, für den ist das Thema „digitale Karten" wichtig. Wenn man sein Smartphone zur Orientierung einsetzt (und eine Flatrate hat, sonst wird es teuer), werden meistens Google Earth oder Bing Maps bzw. daraus abgeleitete Karten verwendet.

☺ Praktischer und schneller allerdings ist eine Karte, die sich auf das Gerät (z. B. Garmin) aufspielen und damit auch offline nutzen lässt.

Digitale Karten gibt es käuflich zu erwerben (z. B. bei den topografischen Landesämtern oder Garmin) sowie gratis als OSM im Internet. OSM steht für „Open Street Map" und funktioniert für Karten ähnlich wie Wikipedia für Wissen: Nutzer arbeiten bzw. aktualisieren für Nutzer. Auf diese Art ist inzwischen ein

Kartenwerk entstanden, das für viele Gebiete die käuflichen digitalen Karten in den Schatten stellt und zudem meistens aktueller ist.

💻 http://wiki.openstreetmap.org

☺ 💻 www.wanderreitkarte.de, dort gibt es übersichtlich (Gratis-)Karten für Deutschland und große Teile Europas. Die Karten basieren auf OSM.

Die digitalen Karten lassen sich sowohl für das GPS-Gerät als auch für GPS-Software am Computer zum Planen der Tour laden.

📖 **Karte · Kompass · GPS**, Reinhard Kummer, Conrad Stein Verlag, Basiswissen für draußen Band 4, ISBN 978-3-86686-478-8, € 8,90

Literatur

Als Ergänzung zu diesem Wanderführer bzw. Vorbereitung sind folgende Bücher zu empfehlen:

▷ H. Fischer: Sagen aus dem Land am Rhein und Sieg, Sutton Verlag, ISBN 978-3-86680-974-1, € 17,95. Interessante Sagen aus der Region, sortiert nach Orten. Zum Natursteig Sieg erfährt der Leser nette Geschichten über Siegburg sowie Windeck. Umfangreiches Quellenverzeichnis.

▷ M. Küpper: Entlang der Sieg. Für Ausflügler und Waldwanderer, Gmeiner-Verlag, ISBN 978-3-8392-12554, € 14,99. Hintergründe zu 66 Plätzen sowie 11 Lokalen entlang der Sieg. Teilweise einseitig mit etwas zu viel Werbecharakter.

Naturführer

▷ V. Dierschke: Welcher Vogel ist das?, ISBN 978-3440137437, Taschenbuch € 12,99, E-Book € 7,99. 440 häufige Vogelarten Europas sind beschrieben, mit (Detail-)Fotos und Zeichnungen. Vom NABU empfohlen, handlich.

Markierung

Der Natursteig Sieg ist – wie die meisten Fernwanderwege in Deutschland – gut und im Prinzip flächendeckend ausgeschildert bzw. markiert. Sie finden die Markierungen in besiedelten Bereichen oft auf Schildern bzw. Pfählen und in der Natur häufig an Bäumen.

Das Logo des Natursteigs Sieg ist ein weißes S auf blauem Grund (📷 Seite 17). Entsprechende Markierungen finden Sie an Markierungspfosten und ansonsten in der Regel in mindestens 2 m Höhe. In Abständen von rund 200 m zeigen Ihnen Markierungen, dass Sie noch auf dem richtigen Weg sind, nach Abzweigungen schon nach etwa 50 m, um dem Wanderer die richtige Richtung zu bestätigen. Im Prinzip ist also die Wegweisung „idiotensicher" – aber natürlich kann es immer mal Lücken geben, etwa infolge von Vandalismus, Forstarbeiten oder Unwettern (Stürmen mit umgewehten Bäumen).

Für die Pflege der Wege bzw. ihrer Kennzeichnung sind ehrenamtliche Wegepaten zuständig, die sich um die Ausbesserung von Markierungen kümmern, mit Aufklebern, Farbsprühdosen, entsprechenden Masken sowie Drahtbürste und Dreiecksschaber für die Vorarbeiten auf Baumrinden. Koordiniert wird die Arbeit von Wegemanager Felix Knopp, der bei fälligen Arbeiten auch selbst vor Ort Hand anlegt, etwa bei Markierungen, was sich oft prima mit seinem Hobby kombinieren lässt: Felix Knopp ist Ultramarathonläufer.

Notruf

Notarzt: ☏ 112
Giftnotruf: ☏ 02 28/192 40
Ärztlicher Bereitschaftsdienst: ☏ 116, ☏ 117

Pauschalreisen

Der Natursteig Sieg kann auch mit einem Pauschalarrangement erwandert werden, wobei das Gepäck von Unterkunft zu Unterkunft transportiert wird.

Via Soluna bietet beispielsweise 6-tägige Arrangements auf dem (alten) Natursteig Sieg zwischen Siegburg und Au an. Das Paket kostet für mindestens zwei reisende Personen € 440 (Stand: 2015) und bietet u. a. sechs Übernachtungen mit Ü/F sowie meistens Lunchpakete und Gepäcktransfers.

♦ Via Soluna, Derkere Str. 2a, 59929 Brilon, ☏ 029 61/96 61 33,
💻 www.erlebniswelt-wandern.de

Weitere Vorschläge für pauschale Wanderangebote in der Naturregion Sieg sind auf der Website vom Natursteig Sieg aufgeführt: 💻 www.naturregion-sieg.de → Natursteig Sieg → Angebote

Reisezeit

Gewandert werden kann im Prinzip ganzjährig, von Wetterlagen mit Schnee sowie Stürmen (Gefahr stürzender Bäume!) mal abgesehen.

Als angenehm ist die Zeit zwischen Anfang April und Ende Oktober zu bezeichnen. Dann sind auch die meisten Einkehrgelegenheiten, Campingplätze und Museen geöffnet, während in der Wintersaison öfter mal mit geschlossenen Türen gerechnet werden muss.

Das Frühjahr bis zum frühen Sommer bietet als besonderen Höhepunkt die Blüte vieler Pflanzen, während im Herbst die Laubfärbung das Auge erfreut.

Schwierigkeit und Wegbeschaffenheit

Der Natursteig Sieg gehört vom Schwierigkeitsniveau her etwa zum Mittelfeld in Deutschland. Es gibt zwar keine sehr langen und steilen An-/Abstiege mit alpinem Charakter, aber auf einigen Etappen summieren sich mehrere An-/Abstiege teilweise auf über 1.000 m – das ist schon recht ordentlich.

Der Name „Steig" deutet schon darauf hin, dass überwiegend kleine Wege bzw. Pfade genutzt werden, die über die Höhenzüge mit weiten Ausblicken führen. Asphaltierte Straßen und breite, gerade Forstwege werden weitestgehend vermieden.

Entwicklung des Natursteigs Sieg

Der Eröffnung des Natursteigs Sieg im Jahr 2011 gingen Jahre der Planung durch das Projektteam Naturregion Sieg voraus, in denen der Wegverlauf mit vielen Beteiligten abgestimmt und die Aufgaben zur Einrichtung und Wartung verteilt werden mussten. Zum Projektteam Naturregion Sieg gehören die Kommunen Eitorf, Hennef, Siegburg und Windeck, die Biologische Station Rhein-Sieg, das Regionalforstamt Rhein-Sieg-Erft sowie der Rhein-Sieg-Kreis.

Zwei Jahre nach der Eröffnung wurde der Natursteig Sieg mit dem Zertifikat „Qualitätsweg Wanderbares Deutschland" geadelt. Dieses Zertifikat bedeutet nach den „Premiumwegen" das strengste Bewertungsverfahren für Wanderwege: Dabei wird der Wanderweg in 4-km-Abschnitte eingeteilt und anhand von 9 Kernkriterien und 23 Wahlkriterien bewertet (💻 www.wanderbares-deutschland.de).

Wichtige Kriterien sind etwa der Wegverlauf, die Vielfalt der Landschaft, eine eindeutige und nutzerfreundliche Wegmarkierung sowie die touristische

Infrastruktur. Das Zertifikat gilt drei Jahre lang, ehe der Deutsche Wanderverband es nach weiterer Überprüfung mit positivem Ergebnis verlängert.

Der Natursteig Sieg wurde 2015 bis Mudersbach erweitert. Ab 2016 soll die Verlängerung bis zur Quelle der Sieg stehen.

Taxi ☞ Verkehrsmittel

Telekommunikation

Mobiltelefon:

Verlassen Sie sich nicht immer auf Ihr Handy! In dünn besiedelten Tälern und schmalen bewaldeten Tälern gibt es Abschnitte, wo der Netzempfang mit Handys schwierig sein kann.

Internet:

Fast alle Unterkünfte (mit Ausnahme von Ferienwohnungen) sowie einige Einkehrgelegenheiten bieten WLAN für mobiles Internet an, oft gratis. Gleichzeitig ist die Zahl der Internetcafés mit der Zunahme von WLAN in den Hotels zurückgegangen.

Unterkunft

Unterkünfte gibt es entlang des Natursteigs Sieg für unterschiedlichste Ansprüche und entsprechend für unterschiedlich gefüllte Geldbeutel bzw. Kreditkarten.

Sie finden im Routenteil an den entsprechenden Stellen die Unterkünfte mit allen wichtigen Infos inkl. GPS-Koordinaten und Mindestpreisen. Letztere basieren auf dem Stand zum Zeitpunkt der Recherche (Anfang 2015). Dazu kommen Zuschläge je nach Saison oder Messetagen in Köln/Düsseldorf.

Für viele Wanderer stellt sich bei der Planung die Frage: Standort wechseln oder fester Standort? Möglich ist beides: Es gibt sowohl flächendeckend Unterkünfte verschiedener Art als auch gute Verkehrsverbindungen zu den Anfangs-/Endpunkten der Etappen (☞ Anreise).

Die Angabe der Unterkünfte in den Etappenorten erhebt keinen Anspruch auf Vollständigkeit; insbesondere bei größeren Orten mit mehreren (vergleichbaren) Hotels sind beispielhaft nur einige angegeben.

Die im Routenteil bei den einzelnen Unterkünften genannten Preise beziehen sich auf ein Doppelzimmer (DZ) für 2 Personen mit Frühstück, sofern nicht anders angegeben.

Das Projektbüro zum Natursteig Sieg hält (im Internet) ein Gastgeberverzeichnis bereit, das in der Regel jährlich aktualisiert wird.

- www.naturregion-sieg.de
- www.gastgeber-westerwald.de
- westerwald.info

Einige der Unterkünfte (und auch gastronomische Einrichtungen) sind mit verschiedenen Siegeln hinsichtlich ihrer Eignung für Wanderer ausgezeichnet und im Routenteil mit entsprechenden Kürzeln versehen:

- **Qualitätsgastgeber Wanderbares Deutschland** (wd): Bewertung nach 23 obligatorischen Kern- und 18 Wahlkriterien. Von Letzteren müssen 8 erfüllt werden. Wichtige Kriterien sind z. B. die Lage der Unterkünfte, Trocknungsmöglichkeiten, Wetterinformationen, Aufnahme von Gästen für nur eine Nacht, Gepäck-, Hol- und Bringservice, Reservierungsservice für die nächste Unterkunft, Wanderkartenverkauf, Fahrpläne und Infos zu regionalen Sehenswürdigkeiten.
  www.wanderbares-deutschland.de
- **Qualitätsgastgeber Sieg** (qs): Die Gastgeber bieten einen „Rundum-Service“, z. B. Unterbringung auch für nur eine Nacht, Wanderapotheke, Putzzeug für Wanderschuhe, Hol- und Bringservice sowie Gepäcktransport gegen Gebühr. Der Katalog umfasst 34 Kriterien zu den Bereichen Verpflegung, Ausstattung, Personal und Service. Manche erscheinen allerdings sehr vage bzw. interpretationsfähig, etwa der Punkt „Den Wanderern gegenüber offenes Personal“.

Hotels

Entlang der Route gibt es Hotels verschiedener Ausstattung, wobei die Einteilung mit Sternen eine grobe Hilfe bietet.

Insektenschutz für Wanderer wichtiger als Sekretariatsservice

Die Bewertung von Hotels mit (bis zu 5) Sternen richtet sich in Deutschland nach 270 Kriterien, die vor allem Zimmerausstattung sowie Standard und Service des gesamten Hotels bemessen. Kriterien sind z. B. Größe von Zimmer und Bett, das Mobiliar, Essensangebot, WLAN oder Öffnungszeit der Rezeption. Ein Beispiel: In Hotels mit 1 bis 3 Sternen müssen die Betten mindestens 1,90 m lang sein, und das TV-Gerät muss eine Fernbedienung haben und bei 3 Sternen „angemessen" groß sein. Bei 4 Sternen darf der Gast ein mindestens 2 m langes Bett und TV mit dem Luxus einer Programmübersicht erwarten, und auf Wunsch auch Slipper und einen Bademantel.

Viele dieser 270 Kriterien sind für Wanderer eher uninteressant. Daher ist die Anzahl der Sterne für Wanderer eigentlich nicht entscheidend. Viel wichtiger ist die Lage des Hotels sowie das – schwer messbare – Ambiente. Auch fragt keines der Kriterien danach, ob ein Insektenschutz vor Fenstern vorhanden ist oder ob eine Trennung von Raucher- und Nichtraucherbereich besteht, sodass z. B. Nichtraucher nicht ständig den Qualm von auf dem Balkon sitzenden Rauchern inhalieren müssen – ein häufiges Ärgernis für Nichtraucher. Beide Punkte – Nichtraucherbereich und Insektenschutz – sind für das Wohlfühlen von Wanderern wohl wichtiger als z. B. Suiten, Schuhputzgerät, Slipper, Sekretariatsservice, Schreibtischbeleuchtung, Sitzgruppe am Empfang, Safe mit integrierter Steckdose oder die Form von Kleiderbügeln.

Den offiziellen Katalog zur Klassifizierung gibt's im Internet:
www.hotelsterne.de → Gesamt-Katalog

In fast allen Hotels ist Halbpension (Abendessen) möglich, wenn man nicht gerade am Ruhetag anreist (angegeben!). Dann bleibt oft (für Hotelgäste aber nicht immer) die Küche kalt.

Während Kölner Messen ist die Unterkunftssituation im weiteren Umkreis sehr angespannt, dann sind auch in der Siegregion die meisten Zimmer belegt oder werden nur mit Aufpreis vergeben. Oder – wie die Autoren bei einem Hotel in Siegburg erleben mussten – feste Buchungen werden einseitig ohne vorherige Information storniert.

♦ Messekalender: www.messen.de > Suchbegriff „Köln"

BB Pensionen und Privatunterkünfte

Kleinere Unterkünfte, von Privatquartieren zu Pensionen, sind unter „Bed and Breakfast" zusammengefasst, auch wenn nicht alle Privatquartiere Frühstück

anbieten. Außerhalb der größeren Stadt Siegburg sind private Quartiere eher Mangelware, was auch die im Internet buchbaren Portale zeigen:
www.pension.de, www.bedandbreakfast.eu, www.airbnb.de, www.gloveler.de

Jugendherbergen und Hostels

Jugendherbergen sind in der Region Mangelware. Es gibt nur zwei Herbergen entlang des Natursteigs Sieg: die Waldherberge bei Rosbach sowie die Jugendherberge in der Freusburg.
www.djh.de

Fester Standort in einer Ferienwohnung

Eine praktische Option ist die Wahl eines festen Quartiers, um von dort aus die Etappen des Natursteigs Sieg abzuwandern. Denn die Start- und Zielorte sind alle gut mit der Bahn zu erreichen. Damit erübrigt sich neben dem ständigen Quartierwechsel das tägliche Schleppen eines großen Rucksacks oder die logistische Frage des Gepäcktransports.

Günstig ist diese Option, wenn man als Standquartier eine Ferienwohnung bzw. ein Ferienhaus mietet (**fewo**), von denen es eine ganze Reihe entlang des Natursteigs Sieg gibt, etwa im Bereich Eitorf oder im Windecker Ländchen – und damit relativ zentral. Allerdings sollten Sie bei der Wahl der Unterkunft auf eine möglichst günstige Lage zu einem Bahnhof achten – oder mit dem Auto dorthin fahren.

fewo Einige Vorschläge für günstig und in Bahnhofsnähe gelegene Unterkünfte (Preise pro Tag und für 2 Pers.):

- Eitorf: Ferienappartement AGUA-Wasser, Fam. Wasser, Obere Hardt 5, Eitorf, ☏ 022 43/21 10, 01 63/915 80 64, h.m.wasser@t-online.de, 40 m² große Fewo für 2 Pers., 0,6 km vom Bf. bzw. Zentrum, GPS N 50°46.355' E 007°26.444', € 30 (mind. 3 Tage)
- Windeck-Stromberg bei Herchen: Ferienwohnung Reinhardt, Marlene Reinhardt, Eitorfer Straße 1b, ☏ 022 43/71 49, 80 m² große Fewo für bis 4 Pers., 0,8 km vom Bf. Herchen und 100 m vom Natursteig Sieg, GPS N 50°45.584' E 007°31.205', € 45
- Windeck-Rosbach: Ferienwohnung Leuwer, Benno Leuwer, Wardenbacher Str. 16, ☏ 022 92/68 17 55 (ab 17:00), 01 76/96 45 81 35, www.ferienwohnung-leuwer.de, 100 m² große Fewo für bis zu 4 Pers. mit Balkon und Pool, 900 m vom Bf. Rosbach und vom Natursteig Sieg, GPS N 50°48.008' E 007°36.960', € 40

- Windeck-Dattenfeld: Ferienhäuser Becker, Schlehdornweg 3, ☏ 022 92/33 20, 💻 www.ferien-in-windeck.de, 2 Ferienhäuser von jeweils 50 m², 1,2 km vom Bahnhof, 0,5 km vom Natursteig Sieg, GPS N 50°47.982' E 007°33.641', € 45
- Eitorf-Merten: Ferienwohnung Marianne, Gassenkreuz 11, ☏ 022 43/60 67, ✉ s.von_linden-gerlach@gmx.de, 75 m² große Fewo mit 3 Betten, 1 km vom Bf. Merten und 200 m vom Natursteig Sieg, GPS N 50°45.860' E 007°23.706', ab € 45

Camping

Etwa eine Handvoll Campingplätze gibt es entlang des Natursteigs Sieg. Mithilfe des öffentlichen Nahverkehrs lässt sich der Natursteig Sieg so auch komplett auf Low-Budget-Art mit Übernachtung im Zelt begehen. Die Zeltplätze liegen in bzw. bei Hennef, Eitorf-Merten, Windeck-Dattenfeld sowie in Mittelhof.

Die Campingplatzgebühren sind nicht immer angegeben, da diese sich nur marginal voneinander unterscheiden und zudem aus verschiedenen Komponenten zusammengesetzt sind. Richtwert: Zwei Personen zahlen mit einem Zelt etwa € 12 bis 15. Die Campingplätze sind in der Regel mit Waschmaschine und Trockner ausgestattet.

Updates

Der Conrad Stein Verlag veröffentlicht Updates zu diesem Buch, die direkt von den Autoren oder von Lesern dieses Buches stammen. Bitte suchen Sie vor Ihrer Abreise auf der Verlags-Homepage 💻 www.conrad-stein-verlag.de diesen Titel. Unter dem Link „mehr lesen“ finden Sie alle wichtigen Informationen. Der abgebildete QR-Code führt Sie direkt zu der richtigen Seite.

Verkehrsmittel

Das ideale Verkehrsmittel vom/zum Natursteig Sieg sowie zwischen einzelnen Etappenorten ist die Bahnlinie entlang der Sieg, die von der DB Regio, bis Au vom Verkehrsverbund Rhein-Sieg (VRS) und ab Au Richtung Siegen seit 2014 von der Hessischen Landesbahn (HLB) betrieben wird.

🚆 Bahnverbindungen von größeren Städten zum Natursteig Sieg: ☞ Anreise.

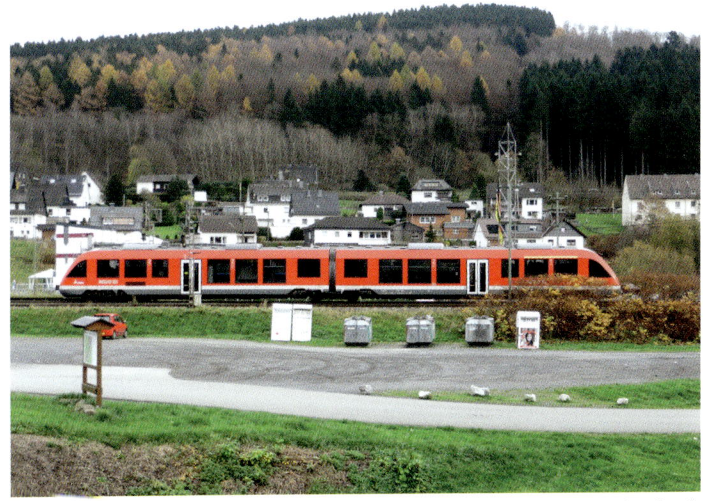

DB in Mudersbach

Das Busnetz ist auf dem Papier bzw. Liniennetzplan sehr dicht. Allerdings fahren im ländlichen Bereich – wen wundert's – die meisten Busse nur zu Schulzeiten, während an Wochenenden viele Haltestellen auf dem Land bzw. in kleineren Orten überhaupt nicht und in den Ferien nur selten bedient werden.

Im Routenteil sind einige ausgewählte Verbindungen als Richtwert angegeben, die aber natürlich keine aktuelle Recherche vor Ort bzw. im Internet ersetzen können. Dabei sollten Sie beachten, dass bei Etappe 9 die Landesgrenze zwischen Nordrhein-Westfalen (NRW) und Rheinland-Pfalz (RP) überschritten wird. In diesem Bereich orientieren sich manche Buslinien sowohl nach dem Ferienplan in NRW als auch in RP. Also das Kleingedruckte genau beachten!

Einige Busse fahren nur nach Bedarf (als Linientaxi: AST = Anrufsammeltaxi) und müssen mindestens 30 oder 60 Min. vorher bestellt werden, je nach Verbund. Im Routenteil sind die entsprechenden (unterschiedlichen!) Nummern zur Voranmeldung angegeben.

Für die Buslinien entlang des Natursteigs Sieg sind verschiedene Verkehrsverbünde zuständig:

- ▷ Siegtal zwischen Siegburg und Au: Verkehrsverbund Rhein-Sieg (VRS), 💻 www.vrsinfo.de
- ▷ rechtsrheinisch nördlich der Sieg: Oberbergische Verkehrsgesellschaft als Teil des VRS, 💻 www.ovaginfo.de
- ▷ östliches Siegtal zwischen Au und Mudersbach: Verkehrsverbund Rhein-Mosel, 💻 www.vrminfo.de
- ▷ Außerdem betreiben einige Städte wie Hennef und Wissen Buslinien bzw. Sammeltaxidienste (AST).

☺ Alle Verbindungen des öffentlichen Nahverkehrs inkl. Bussen aller Verkehrsverbünde sind auf der Website der Bahn zu finden: 💻 www.bahn.de.

Übersicht über wichtige Buslinien bzw. Sammeltaxis (AST) entlang des Natursteigs Sieg (in der Reihenfolge der Etappen). Bei den Abfahrten werktags ist in Ferienzeiten mit Einschränkungen zu rechnen!

Linie	Strecke	Fahrthäufigkeit & ggf. Anmeldung	Etappe
510	Siegburg – Seligenthal – Hennef	bis Seligenthal Mo bis Sa alle 15 Min., So halbstündlich; von Seligenthal nach Hennef stündlich bzw. So alle 2 Std.	1
530	Hennef – Bröl – Waldbröl	Mo bis Sa stündlich, So alle 2 Std.	2
531	Hennef – Bröl – Ruppichteroth	Mo bis Fr stündlich, Sa und So alle 2 Std.	2
532	Hennef – Bödingen – Oberauel	Mo bis Fr stündlich, zu Stoßzeiten halbstündlich; Sa und So alle 2 Std.	2
582	Umgebung von Hennef, z. B. Hennef – Stadt Blankenberg	täglich stündlich, nur mit Voranmeldung (mind. 60 Min. vorher), ☏ 07 00/00 88 85 55	2, 3
570	Eitorf – Süchterscheid – Uckerath	Mo bis Fr stündlich, Sa und So alle 2 Std., Sa und So nur mit Voranmeldung (mind. 30 Min. vorher), ☏ 022 41/49 99 99	3
533	Eitorf – Rankenhohn – Oberbohlscheid – Eitorf	täglich alle 2 Std., Mo bis Fr häufiger, überwiegend nur mit Voranmeldung (mind. 30 Min. vorher), ☏ 022 41/49 99 99	5
579	Eitorf – Herchen – Dattenfeld – Dreisel – Schladern	Mo bis Fr stündlich, Sa und So alle 2 Std., So nur mit Voranmeldung (mind. 30 Min. vorher), ☏ 022 41/49 99 99	5, 6, 7

Linie	Strecke	Fahrthäufigkeit & ggf. Anmeldung	Etappe
572	Herchen – Werfen – Alsen – Leuscheid	Mo bis Fr stündlich, Sa und So alle 2 Std., nur mit Voranmeldung (mind. 30 Min. vorher), ☏ 022 41/49 99 99	6
343	Kohlberg – Grube Silberhardt – Rosbach – Schladern – Leuscheid	täglich alle 2 Std., Anmelden der meisten Fahrten notwendig (mind. 60 Min. vorher!), ☏ 022 61/91 12 71	8
344	Rosbach – Halscheid – Waldbröl	Mo bis Fr stündlich ab 6:40, Sa und So alle 2 Std., Anmelden aller Fahrten notwendig (mind. 60 Min. vorher!), ☏ 022 61/91 12 71	8, 9
295	Altenkirchen – Hamm – Au – Wissen	Mo bis Fr etwa stündlich (aber nicht immer regelmäßig) sowie Sa alle 2 Std.	8
299	Altenkirchen – Au/Sieg – Hamm – Altenkirchen	Mo bis Fr bis zu 10 Verbindungen täglich, Sa nur 2	8
347	Wissen – Birken – Morsbach	Mo bis Fr 5 Verbindungen täglich	10
296	Wissen – Mittolhof – Gebhardshain	Mo bis Fr bis zu 5 Abfahrten	11
271	Hachenburg – Steineroth – Marienbach	Mo bis Fr etwa 8 Verbindungen	12
255	Betzdorf – Kirchen – Katzenbach – Herkersdorf – Offhausen	Mo bis Fr alle 1 bis 2 Std.	14
257	Betzdorf – Kirchen – Brachbach – Mudersbach – Niederschelden	an Schultagen 3-mal täglich	14

🚗 Eine Alternative zu Bussen sind **Taxis**: Im Routenteil sind bei einigen Orten entsprechende Kontakte angegeben.

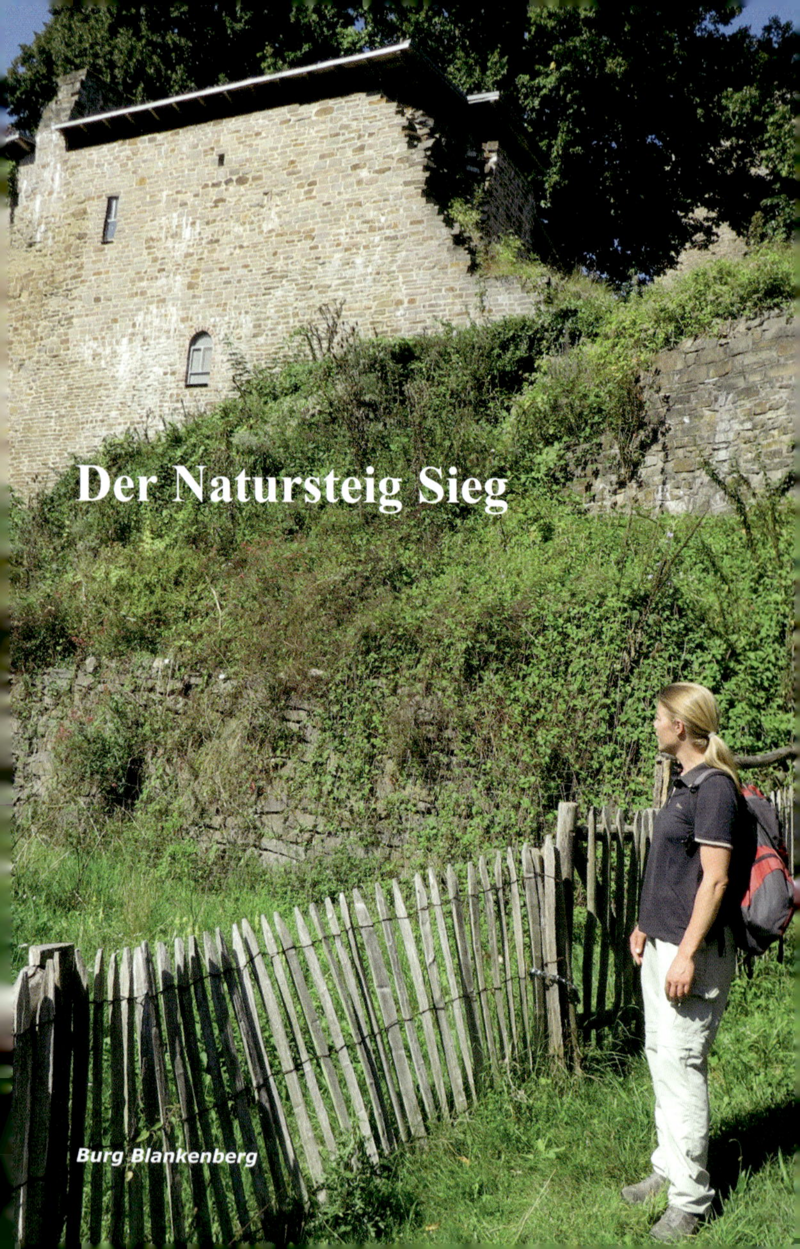

Burg Blankenberg

Übersicht, Etappen und Entfernungen

Die Etappen in diesem Wanderführer entsprechen der offiziellen Einteilung. Allerdings weichen die km-Angaben teilweise von denen in anderen Quellen ab, weil sich die Angaben in dem Buch strikt auf die Kilometer auf dem Natursteig Sieg konzentrieren und die Streckenlänge der Zubringerwege extra angegeben wird, während anderswo teilweise die Kilometer der Zubringer bei den Etappenlängen hinzuaddiert werden, was aber die Planung für die eigene Etappeneinteilung erschwert. Daher finden Sie hier die reinen km-Angaben für Abschnitte zwischen den Zubringern und Extra-Angaben für die Zubringer.

Die einzelnen Etappen des Natursteigs Sieg im Überblick (inkl. der Entfernungen und Höhenmeter)

Etappe	Strecke der Etappe	Länge in km	Gehzeit in Std.	↑ Hm. Kum.	↓ Hm. Kum.	⇧ Hm. tief	⇧ Hm. hoch
1	Siegburg – Hennef	12,4	3,5	330	240	60	200
2	Hennef – Blankenberg	14,1	5	540	520	70	235
3	Blankenberg – Merten	10,0	3,5	240	300	85	230
4	Merten – Eitorf	11,0	4,5	520	405	105	235
5	Eitorf – Herchen	15,4	5	480	550	115	260
6	Schleife bei Herchen	19,5	6	850	855	98	340
7	Herchen – Altwindeck	15,7	5	620	600	105	275
8	Altwindeck – Bf. Au	16,0	5	760	765	120	290
9	Bf. Au – Abzw. Wissen	14,1	4	530	410	140	305
10	Abzw. Wissen – Wissen	19,3	5,5	550	660	150	300
11	Wissen – Scheuerfeld	12,2	3,5	370	260	150	310
12	Scheuerfeld – Alsdorf	13,0	4	370	420	195	455
13	Alsdorf – Kirchen	8,5	3	375	185	195	455
14	Kirchen – Mudersbach	17,3	5	495	650	200	500
Summer gesamter Natursteig Sieg		**198,5**	**35**	**6.655**	**6.635**	**1.788**	**4.390**
Durchschnitt pro Etappe		**14**	**4**	**512**	**522**	**128**	**314**

Erläuterung zur Übersichtstabelle und zu den Angaben bei den Etappen im Beschreibungstext

Die Höhenmeter sind in der Übersichtstabelle auf zweierlei Art angegeben: einmal kumuliert, also summiert pro Etappe (kum.). Bsp.: ↑ 450 m kann für einen Aufstieg von 450 m oder für 3 Aufstiege von jeweils 150 m am Tag stehen. In den Spalten rechts daneben ist der niedrigste und höchste Punkt der jeweiligen Etappe beziffert. Die angegebene Zeit ist die reine Gehzeit - also ohne Pausen, wobei ein Schnitt von rund 3-4 km pro Stunde zugrunde liegt.

Im Beschreibungstext geben die im Kopf bei den Etappen gedruckten Daten neben der Entfernung die bei der jeweiligen Etappe kumulierten Höhenmeter sowie die Gehzeit (ohne Pausen) an. Im Beschreibungstext finden Sie außerdem km-Angaben im Text (z. B. „km 5,2"), die die laufenden Kilometer einer Etappe angeben. Allen Angaben liegen GPS-Messungen aus dem Jahr 2014 zugrunde, die nachträglich verifiziert wurden.

Siegburg

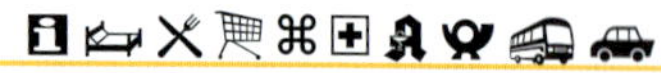

i Tourist-Information Siegburg, Europaplatz 3, 53721 Siegburg, ☏ 022 41/194 33, tourismus@siegburg.de, www.siegburg.de, Mo bis Fr 8:30 bis 18:00, Sa 10:00 bis 15:00

Kranz Parkhotel (****, wd, qs), Mühlenstraße 32-44, ☏ 022 41/54 70, info@kranzparkhotel.de, www.kranzparkhotel.de, zwischen Bahnhof und Abtei St. Michael, 2 km vom Natursteig Sieg, großes Konferenzhotel mit 109 Zimmern, DZ ab € 165

♦ Hotel Herting (***, qs), Europaplatz 16, ☏ 022 41/99 99 9-0, empfang@hotel-herting.de, www.hotel-herting.de, Hotel mit 35 Zimmern in zentraler Lage direkt neben dem ICE-Bahnhof, 2,4 km vom Natursteig Sieg, GPS N 50°47.691' E 007°12.164', freies WLAN, DZ ab € 90

♦ Hotel Zum Stern, Am Markt 14-15, ☏ 022 41/84 40 90, stern@hotel-siegburg.com, www.zumstern.hotel-siegburg.com, zentral, aber ruhig gelegenes ***Hotel mit gutem Frühstück und freiem WLAN, DZ ab € 90

♦ Friendly Cityhotel Octopus (***, wd, qs), Zeithstraße 110, ☏ 022 41/84 64 00, info@friendly-cityhotel-siegburg.de, www.friendly-cityhotel-siegburg.de, Hotel mit 53 Zimmer am Stadtrand neben dem Schwimmbad, 2 km vom Natursteig Sieg, GPS N 50°48.172' E 007°13.159', DZ ab € 90

♦ Hotel Kaiserhof (***, qs), Kaiserstraße 80, ☏ 022 41/172 30, info@kaiserhof-siegburg.de, www.kaiserhof-siegburg.de, familiär geführtes Hotel mit 28 Zimmern in der Ortsmitte bei der Passage Kaiserstraße, 2,2 km vom Natursteig Sieg, GPS N 50°48.048' E 007°12.382', DZ ab € 110

♦ Hotelpension Altes Zollhaus, Frankfurter Str. 144, ☏ 022 41/95 95 73, buchung@alteszollhaus.net, www.alteszollhaus.net, kleines, einfaches Hotel mit 15 Zimmern in verkehrsgünstiger Lage an der Gabelung zweier Hauptstraßen, 800 m vom Anfang des Natursteigs Sieg entfernt, GPS N 50°47.246' E 007°13.225', DZ ab € 35

BB Pension Peukert, Hohenzollernstraße 2, ☏ 022 41/200 98 00, 01 62/88 88 79 0, an den Siegwiesen 1,3 km westlich vom Bahnhof und damit fast 4 km vom Anfang des Natursteigs Sieg entfernt, DZ ohne Frühstück ab € 40

♦ Bei Felix, Steinbahn 82, ☏ 022 41/63 76 0, 01 52/56 49 26 94, steinbahn82@arcor.de, www.steinbahn82.de, günstige Unterkunft am Nordrand von Siegburg, GPS N 50°48.506' E 007°12.155', Kaffee/Tee und WLAN gratis, DZ € 66. Originell: Alle drei Zimmer sind verschiedenen Regionen zugeordnet bzw. entsprechend eingerichtet - Afrika, Skandinavien und Orient.

♦ Pension Nücken, Chemie-Faser-Allee 21, ☏ 022 41/637 10, sehr günstige, aber auch einfache Unterkunft südlich vom Zentrum in ruhiger Lage, etwa 1 km vom Anfang des Natursteigs Sieg entfernt, GPS N 50°47.416' E 007°13.187'. Bad auf dem Flur, DZ ab € 34

♦ Walter, Frankfurter Straße 9, 01 71/899 70 11, pension.walter@gmx.de. Sehr zentral: 200 m vom Bf. – dafür muss mit einem gewissen Lärmpegel gerechnet werden: Das Haus liegt „verkehrsgünstig" nahe der Bahn, Straßenkreuzung und Polizeiwache, GPS N 50°47.598' E 007°13.393'. Sehr günstig, dafür sind alle vier Zimmer ohne Bad und TV. DZ ohne Frühstück ab € 40

Museumscafé, Am Markt 46, ☏ 022 41/127 48 07, zentral gelegenes, kleines, gemütliches Café, Mo bis Sa 9:00 bis 18:00

Bio-Supermarkt Naturata mit Snack-Café, nur wenige Meter vom Marktplatz und der Kirche entfernt

Krankenhaus Siegburg, Ringstr. 49, ☏ 022 41/180, www.helios-kliniken.de

Der Oktopus Gesundheits- und Erlebnispark in der Zeithstr. 110 bietet vielfältiges Badevergnügen, darunter den mit 20 m tiefsten Tauchturm Europas. www.oktopus-siegburg.de

Der Bahnhof Siegburg ist Knotenpunkt mit ICE-Anschluss auf der Strecke Köln-Deutz – Frankfurt-Flughafen sowie Endpunkt der Siegtalstrecke.

Taxi-Ruf Rhein-Sieg-Agger e.G., ☏ 022 41/95 80 10, info@taxi-ruf-rhein-sieg-agger.de, www.taxi-ruf-rhein-sieg-agger.de

Die 950 Jahre alte Kreisstadt Siegburg (60 m, 39.000 Ew.) liegt 8 km östlich des Rheins an der Mündung der Agger in die Sieg. Natürliche Grenzen sind die Höhenzüge des Bergischen Landes im Nordosten und die des Siebengebirges im Süden. Siegburg hat dank reicher Tonvorkommen eine lange Töpfertradition: Die Siegburger Keramik blühte zwischen dem 13. und 16. Jh. und war besonders bekannt durch die Schnellen, schlanke und hohe Krüge. Prominenter Sohn Siegburgs ist der Opernkomponist Engelbert Humperdinck (1854-1921) mit seinem bekanntesten Werk, dem Singspiel und der späteren Oper „Hänsel und Gretel". Allerdings erreichte Humperdinck bei Weitem nicht die Bekanntheit seines Vorbilds Richard Wagner.

Siegburg wird geprägt von dem historischen Marktplatz mit der 1877 errichteten Siegessäule, der Kirche St. Servatius und der Abtei auf dem Michaelsberg, Letztere das Wahrzeichen von Siegburg.

✝ Die **St.-Servatius-Kirche** neben dem Siegburger Marktplatz ist bekannt durch ihre mittelalterliche Schatzkammer sowie die große Orgel der Bonner Orgelmanufaktur Klais. Die Kirche selbst wurde als mehrschiffige Emporenbasilika im 12./13. Jh. erbaut.

Das frühere Pfarrhaus der Kirche, das im 13. Jh. erbaute Haus zum Winter am oberen Markt (Griesgasse 2), gilt als ältestes (teilweise) erhaltenes Wohnhaus Siegburgs.

♦ St.-Servatius-Kirche: So 11:15 bis 12:15, www.servatius-siegburg.de

✝ Auf dem **Michaelsberg** in der Bergstraße 26 befand sich ab 800 n. Chr. eine Burganlage, ehe dort 1064 unter dem Kölner Erzbischof Anno II. eine Benediktinerabtei gegründet und zur Zeit der napoleonischen Besatzung 1803 säkularisiert wurde. Nach einem Intermezzo als Kaserne und Gefängnis sorgten nie-

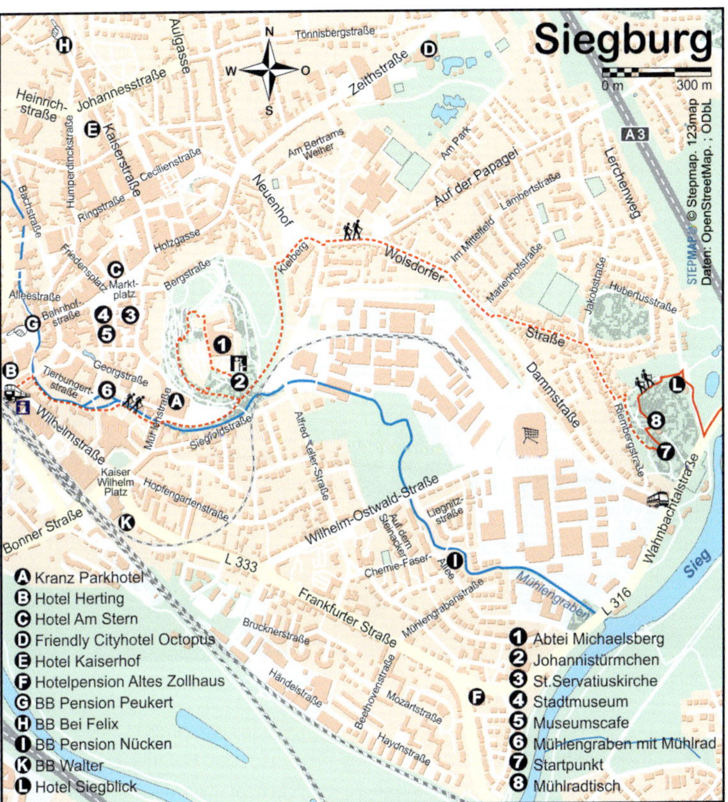

derländische Benediktinermönche ab 1914 für ein „Revival" als Kloster, das im Zweiten Weltkrieg infolge eines Bombenangriffs zerstört, aber gleich wieder aufgebaut wurde. Im Jahr 2011 musste die Abtei aus wirtschaftlichen Gründen geschlossen werden. Seit 2013 leben sechs Padres der Karmeliten auf dem Michaelsberg, in dem ab 2016 das Katholisch-Soziale Institut eröffnet werden soll. Das Barockgebäude der Abtei geht auf das 17./18. Jh. zurück. In der Abteikirche befinden sich das Grab Annos II. (gestorben 1075) und der Annoschrein aus dem Jahre 1183.

♦ täglich 8:00 bis 20:00, www.abtei-michaelsberg.de

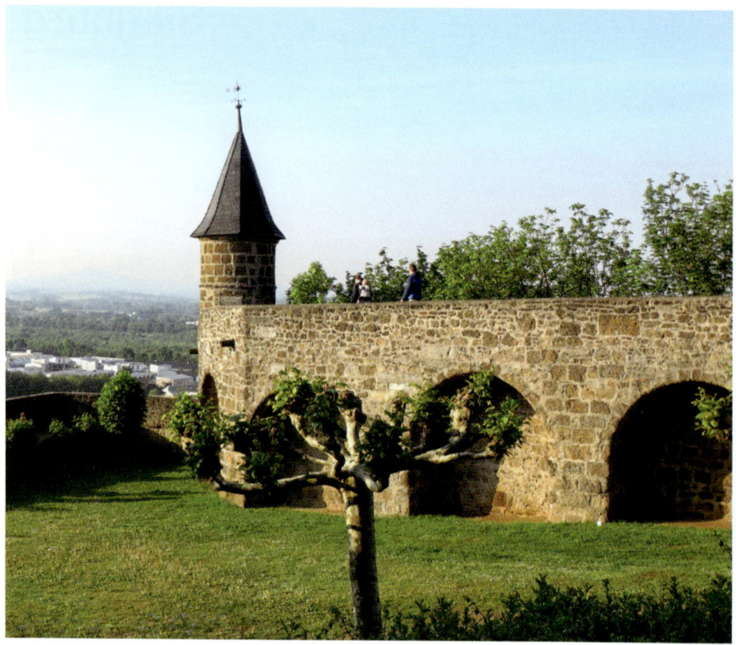

Michaelsberg

Einen schönen Blick auf Siegburg bietet die alte Burgmauer auf dem Michaelsberg, die über mehrere Wege zu erreichen ist, von denen 2014 aber viele versperrt waren. Ein Zugang zur Burgmauer und Abtei war nur vom Norden her möglich.

⌘ Das **Stadtmuseum** am Markt 46 dokumentiert die Geschichte Siegburgs bis zur Gegenwart. Gezeigt werden in dem Geburtshaus des Komponisten Engelberg Humperdinck u. a. Siegburger Keramik aus dem Mittelalter und der Renaissance sowie Wechselausstellungen.

♦ Di bis Sa 10:00 bis 17:00, So 10:00 bis 18:00, Eintritt € 2

Etappe 1: Siegburg – Abzweig nach Hennef

➲ 12,4 km, ⧗ 3 Std. 30 Min., ↑ 330 m, ↓ 240 m, ⇧ 60-200 m

0,0 km	⇧ 75 m	Siegburg ⌘
4,8 km	⇧ 135 m	Abstecher nach Kaldauen (➲ 0,9 km)
7,0 km	⇧ 80 m	Kloster Seligenthal und Abstecher zur Wahnbachtalsperre (➲ 2 x 0,6 km)
8,3 km	⇧ 75 m	Abstecher in das Dorf Seligenthal (➲ 0,2 km)
9,3 km	⇧ 160 m	Erster Abzweig nach Hennef (➲ 2,3 km BB ⌘)
12,4 km	⇧ 145 m	Zweiter Abzweig nach Hennef (➲ 3,3 km BB ⌘)

Bei der ersten Etappe wandern Sie vom Stadtrand Siegburgs durch Auenlandschaften und Wälder mit einigen netten Aussichten auf das sich zur Rheinebene weitende Siegtal. Für Abwechslung sorgen das in einem versteckten Tal liegende alte Kloster Seligenthal und die Wahnbachtalsperre.

Zubringer von Siegburg-Bahnhof (Innenstadt) zum Beginn des Natursteigs Sieg (➲ 2,4 km)

Der Zubringerweg von Siegburg zum Natursteig Sieg ist ausführlicher beschrieben als andere Wegteile, weil die Markierung in Siegburg bei der Begehung (2014) zu wünschen übrig ließ und einige Lücken aufwies.

Vom Bahnhofsvorplatz gehen Sie in die Fußgängerzone, den Bahnof im Rücken. Nach 50 m, bei McDonald's (linke Seite), geht es rechts in den Fußweg (Leintal) rechts von dem Bach (Mühlengraben).

Nach 250 m sehen Sie kurz nach Brücken links eine alte Wassermühle. Sie folgen weiter dem Fußweg rechts neben dem Fluss bis zu einer Querstraße (Mühlenstraße). Dort gehen Sie kurz links, um gleich nach der Brücke rechts in den Rad-/Fußweg einzubiegen, jetzt links neben dem Mühlengraben, der Sie südlich am Michaelsberg entlangführt.

↳ Optional ist nach 200 m (km 0,7) nach links ein Abstecher auf den Michaelsberg mit der alten Burgmauer und einer schönen Aussicht möglich.

Am Parkende (km 1,1) folgen Sie rechts der Allee und biegen nach 100 m rechts in die Straße (erst Kleiberg, später Wolsdorfer Straße), der Sie geradeaus folgen, abzweigende Straßen nicht beachtend. Nach 600 m (km 1,8) nehmen Sie nach einer Ampel die zweite Straße links aufwärts (Schild: Sportplatz TSV 06 Wolsdorf).

Die letzte (und einzige) Einkaufsgelegenheit vor der 1. Etappe liegt 300 m weiter geradeaus (von der linken Abzweigung aus gesehen). Sie folgen der Dammstraße geradeaus und erreichen nach deren Rechtskurve zur Rechten einen Supermarkt:

- großer Supermarkt (Kaufland) in der Wilhelm-Ostwald-Straße, 400 m vom Anfangspunkt des Natursteigs entfernt, Mo bis Sa 7:00 bis 22:00

Bei einer Kreuzung vor einer Kapelle und links dem Riemberger Hof folgen Sie rechts der Straße (Sackgasse). Beim Ende der Straße mit Pollern nehmen Sie die Straße links aufwärts, nach 30 m den Pfad rechts aufwärts und nach 10 m, beim Metallpfahl, den Pfad rechts über die Wiesen, am Hang entlang, bis Sie den offiziellen Startpunkt des Natursteigs Sieg erreichen.

Der Natursteig Sieg beginnt bei einem Tisch mit Bank im Siegburger Stadtteil Wolsdorf oberhalb von einem Gewerbegebiet (km 0, ⇧ 75 m, GPS N 50°47.577' E 007°13.668').

Vom Startpunkt folgen Sie dem Pfad aufwärts, durch eine Linkskurve. Bei einer Lichtung mit Steintisch, einem alten Mühlenrad, wandern Sie geradeaus weiter, leicht abwärts. 350 m nach dem Start erreichen Sie eine Straße, akustisch untermalt vom Rauschen der nahen Autobahn. Dieser Straße folgen Sie rechts, vorbei am Hotel Siegblick (km 0,3).

Hotel Siegblick, Nachtigallenweg 1, ☏ 022 41/12 73 33, www.siegblick.de, 85 Jahre altes **Hotel mit 23 teilweise kleinen und dunklen Zimmern. War früher sicher eine urige Bleibe, hat durch die Autobahn aber an Attraktivität verloren; selbst in den Zimmern nach hinten ist das Autorauschen zu hören. DZ ab € 79, Restaurant Mo bis Fr 17:00 bis 23:00, Sa und So 7:00 bis 17:00

Der Natursteig Sieg zweigt nach 100 m links ab und führt unter der A3 hindurch. Nach der Autobahnunterführung geht es links weiter auf der kleinen Straße und nach 1 km rechts um ein Pflegeheim herum, das an der Stelle eines mittelalterlichen Rittergutes (14. Jh.) erbaut wurde.

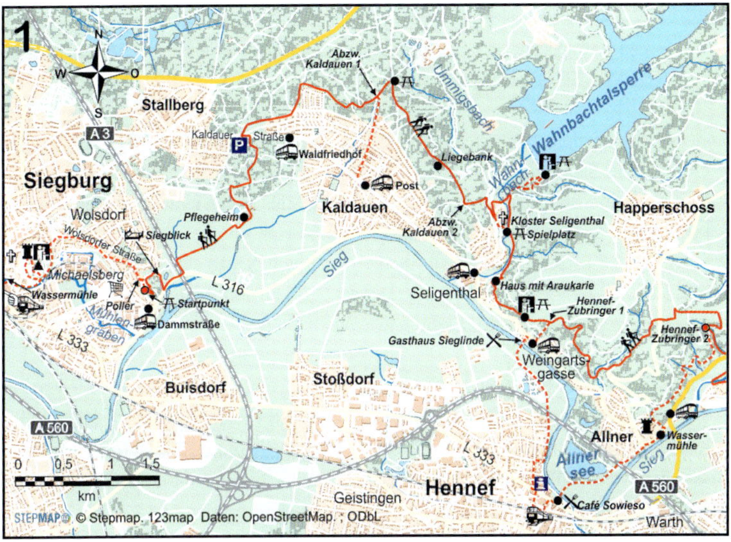

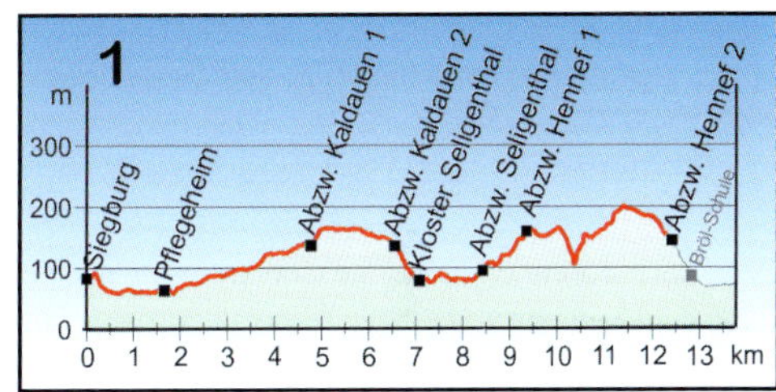

300 m nach dem Pflegeheim halten Sie sich im Wald bei einer T-Kreuzung rechts (u. a. Hennef 9,7 km). Von links mündet ein Zubringer von Siegburg-Wolsdorf ein (0,7 km).

☞ Nach 200 m biegen Sie auf dem Natursteig Sieg nach links ab (Schild: Reiten verboten)!

Nach 500 m folgen Sie dem Natursteig Sieg bei der Kaldauer Straße mit Parkplatz nach links (km 3, ⇧ 90 m), um nach 50 m bei der Metallschranke wieder rechts in den Wald zu gehen (Hennef 8,8 km).

 300 m weiter westlich liegt an der Straße die Bushaltestelle An den Höfen mit häufigen Verbindungen von/nach Siegburg und Seligenthal: Linie 510 fährt Mo bis Sa alle 15 Min., So halbstündlich.

Sie folgen dem Natursteig Sieg weiter nördlich um Kaldauen herum, einen Ortsteil von Siegburg. Kurz darauf gesellen sich zu den bekannten blauen Markierungen für den Natursteig Sieg noch rote, die sogenannte „Erlebniswege" kennzeichnen, eine Serie von Rundwegen im Siegtal.

Bei einer 5-fach-Kreuzung in einer bewaldeten Senke (km 4,8, ⇧ 135 m) wandern Sie geradeaus weiter (u. a. Hennef 7,6 km), während rechts ein Zuweg nach **Kaldauen** abzweigt (0,9 km).

Abstecher nach Kaldauen (➲ 0,9 km)

Der Weg führt rechts direkt hinunter nach Siegburg-Kaldauen, dessen Ortsmitte mit Einkehrgelegenheiten und Bushaltestelle Sie nach knapp 1 km erreichen. Für den Rückweg zum Natursteig Sieg können Sie auch den anderen Zubringerweg nehmen (bei km 6,6).

✕ mehrere Einkehrgelegenheiten in Kaldauen, z. B. der Kaldauer Hof in der Hauptstraße 36, ☎ 022 41/38 51 32, www.kaldauer-hof.de, täglich außer Mi 11:30 bis 14:30 und 17:00 bis 22:00, So auch durchgehend

Bushaltestelle Kaldauen-Post mit häufigen Busverbindungen nach/von Siegburg und Seligenthal: Linie 510 fährt Mo bis Sa alle 15 Min., So halbstündlich.

Nach 200 m erreichen Sie eine Kreuzung mit Tisch und Bank. Hier folgen Sie dem Natursteig Sieg nach rechts (u. a. Hennef 6,8 km) auf geradem Waldweg und passieren nach 1 km eine Liegebank. Kurz nach der Liegebank würden sich schöne Aussichten bieten, aber Bäume verhindern diese.

Schutzhütte mit Tischen und Bänken 600 m nach der Liegebank (km 6,6, ⇧ 135 m)

Rechts zweigt ein weiterer Zubringer nach Siegburg-Kaldauen (➲ 0,6 km) ab.

Sie folgen dem Natursteig Sieg links abwärts (u. a. Hennef 5,3 km). Bei einer T-Kreuzung mit einer kleinen Asphaltstraße (Talsperrenstraße) folgen Sie dieser nach rechts und gehen nach 100 m links abwärts auf einem kleinen Waldweg hinunter in das schmale Tal mit dem Kloster Seligenthal (km 7, ⇧ 80 m, GPS N 50°47.945' E 007°16.762'). Der Natursteig Sieg führt im Tal regulär links weiter, während das Kloster 30 m weiter rechts liegt.

✞ Seligenthal

Im engen Wahnbachtal steht das 750 Jahre alte Minoritenkloster Seligenthal mit der 1255 geweihten, zweischiffigen Klosterkirche St. Antonius. Das Kloster gilt als ältestes Franziskanerkloster nördlich der Alpen. Die Mönche arbeiteten als Pfarrer in den umliegenden Ortschaften und unterrichteten in der Siegburger Lateinschule. Das 1647 bei einem Brand stark zerstörte Kloster wurde 1803 im Zuge der Säkularisation aufgelöst. Die mehrfach restaurierte Klosterkirche dient heute als Pfarrkirche des Ortes.

In den alten Klostergebäuden ist heute ein Tagungshotel-Restaurant der gehobenen Klasse mit 12 DZ eingerichtet, im Marketing-Slang bezeichnet als „Event Hotel", u. a. für „Executive Meetings". ☏ 022 42/87 47 87, www.klosterhof-seligenthal.de, DZ ab € 125

☺ Wenn Sie keinen Abstecher zur Wahnbachtalsperre machen möchten, folgen Sie im Tal der Straße nach rechts (also nicht auf dem Natursteig Sieg), am Kloster bzw. der Kapelle vorbei und dahinter links über den Spielplatz. Das ist schöner und rund 300 m kürzer als der reguläre Verlauf des Natursteigs Sieg.

In dem Fachwerkhaus an der Straße werden Getränke zum Mitnehmen verkauft.

Am Spielplatz gibt es eine Schutzhütte sowie Tische und Bänke.

Hinter dem Spielplatz queren Sie auf der Brücke den Bach und folgen dahinter dem Pfad nach rechts (2014 zeigte das Natursteig-Sieg-Schild hier nur nach links).

Abstecher zur Wahnbachtalsperre (➲ 2 x 0,6 km)

Lohnend ist wegen der Aussicht ein kurzer Abstecher zur oberhalb liegenden Wahnbachtalsperre. Dazu folgen Sie vor dem Kloster Seligenthal stehend im Tal der Straße bzw. dem Natursteig Sieg nach links (Hennef 4,8 km), das Kloster im

Rücken. Nach 100 m biegen Sie rechts ab, 100 m weiter überqueren Sie den Wahnbach. 70 m nach der Brücke führt der Natursteig Sieg rechts aufwärts (Hennef 4,5 km) und kurz darauf wieder abwärts zum Bach und Spielplatz hinter dem Kloster. Hier gehen Sie nach dem Abstecher zur Wahnbachtalsperre entlang.

Zur Wahnbachtalsperre geht es dagegen zunächst geradeaus weiter und nach 150 m links auf kleinem Waldpfad sehr steil aufwärts. Nach 250 m folgen Sie bei einer Gabelung dem Pfad geradeaus (gelbe und rote Markierungen) und erreichen nach 400 m die Talsperre mit einer Schutzhütte.

schöner Blick von der Schutzhütte auf der 70 m hohen Staumauer

Wahnbachtalsperre

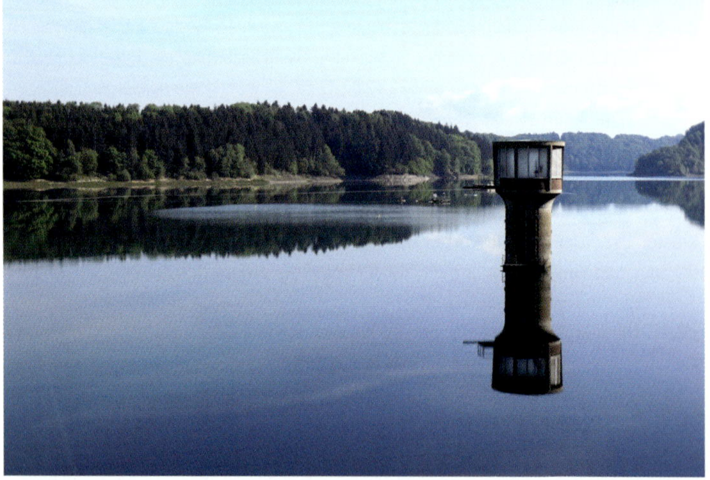

Die **Wahnbachtalsperre** wurde 1958 als Trinkwasserreservoir angelegt, wobei 20 Menschen umgesiedelt werden mussten. Bei niedrigem Wasserstand im Sommer sind noch heute einige alte Brücken erkennbar. Der Uferbereich ist für Wanderer und Wassersportler gesperrt und damit auch für Badelustige – aus Wasserschutzgründen. Das Wasser fließt durch eine der modernsten Trinkwasseraufbereitungsanlagen Europas, wo das Wasser mit Ultraschall statt mit Chlor schonend gereinigt wird. Die Talsperre versorgt 800.000 Menschen in der umliegenden Region mit Wasser – inkl. Siegburg und Bonn. Rund um die Sperre führt ein 23 km langer Rundweg. Unterhalb der Wahnbachtalsperre erinnern einige Eisenstangen und eine große zugewachsene Fläche an den Bergbau in der zweiten Hälfte des 19. Jh., als das Bergwerk Ziethen aus bis zu 70 m Tiefe zwischen Seligenthal und Weingartsgasse Erze aus dem Boden holte, nachdem hier vorher bereits im Mittelalter (12. Jh.) Blei- und Kupfererz gefördert worden waren.

450 m nach dem Spielplatz (km 8,3, ⇧ 80 m) geht es bei einem Seitental links aufwärts (u. a. Hennef 3,6 km).

⇘ Abstecher in das Dorf Seligenthal (➲ 0,2 km)

Geradeaus führt der Weg durch das Bachtal nach 200 m nach Seligenthal, wo Sie dem Rüdemichweg etwas rechts zur Hauptstraße mit einer Bushaltestelle folgen.

Haltestelle Seligenthal, die von Linie 510 bedient wird, nach:

- Siegburg: Mo bis Sa alle 15 Min., So halbstündlich ab 7:56
- Hennef: Mo bis Fr stündlich ab 6:29, Sa stündlich ab 5:42, So alle 2 Std. ab 8:13

Der Pfad ist stellenweise so steil, dass diese Passage mit Drahtseilen gesichert ist (v. a. bei nassem Waldboden hilfreich). Wenige Minuten danach erreichen Sie bei einem Haus mit großer Araukarie im Garten wieder Zivilisation und folgen der Asphaltstraße geradeaus, um nach 50 m links abzubiegen, kurzzeitig in eine Art Hohlweg. Nach 200 m halten Sie sich bei einer Gabelung links (Natursteig Sieg sowie Erlebniswege und Bergischer Weg) und erreichen nach 330 m einen schönen Aussichtspunkt (km 9, ⇧ 125 m) mit Bänken und Blick bis zum Siebengebirge.

Nach 300 m passieren Sie einen Hochsitz und Bänke (km 9,3, ⇧ 160 m, GPS N 50°47.409' E 007°17.190'). Der Natursteig Sieg verläuft geradeaus weiter, während nach rechts der erste Zubringer hinunter nach Hennef führt. Der zweite folgt nach 3 km.

⇘ Erster (westlicher) Abstecher nach Hennef (➲ 2,3 km) und Weingartsgasse (➲ 0,3 km)

Beim Hochsitz und den Bänken folgen Sie rechts dem Weg durch Gras nach rechts und wandern abwärts, durch den Weiler Weingartsgasse und dort rechts, vorbei an der Bushaltestelle.

 Haltestelle Weingartsgasse, die von Linie 510 bedient wird, nach :

♦ Siegburg: Mo bis Fr stündlich ab 5:41, Sa stündlich ab 5:52, So alle 2 Std. ab 8:25, in Stoßzeiten auch häufiger

♦ Hennef: Mo bis Fr stündlich ab 6:31, Sa stündlich ab 5:44, So alle 2 Std. ab 8:15

An der Bushaltestelle gehen Sie auf dem Brückenweg links hinunter zur Sieg, rechts ist eine Einkehrgelegenheit:

✕ Gasthaus Sieglinde, Brückenweg 2, ☏ 022 42/14 59, www.sieglinde-hennef.de, beliebter Biergarten und Restaurant an der Sieg(brücke), März bis Oktober Mo bis Sa ab 11:30, So ab 10:00, jeweils bis mindestens 24:00

Weiter nach Hennef geht es auf der Fußgängerbrücke über die Sieg und links auf dem Schutzdamm. In Hennef wandern Sie am Schluss durch die Fußgängerzone zum Bahnhof.

☺ Falls Sie in Hennef Station machen, empfiehlt sich der östliche Abstecher als Wiedereinstieg zum Natursteig Sieg (➲ 3,4 km ab Hennef Bahnhof, ☞ Anfang von Etappe 2).

Hennef

i BB ✕ ⌘

i Tourist-Information Hennef, Frankfurter Straße 97, 53773 Hennef, ☏ 022 42/194 33, tourismus@hennef.de, www.hennef.de, Mo bis Mi 8:30 bis 16:00, Do 8:30 bis 17:30, Fr 8:30 bis 12:00

Euro Park (****, wd, qs), Reutherstraße 1 a-c, ☏ 022 42/87 60, info@euro-park-hotel.de, www.euro-park-hotel.de, riesiges Hotel in wenig romantischer Lage – im Gewerbegebiet zwischen Autobahnkreuz und -abfahrt, etwa 3 km vom Natursteig Sieg und Bf. Hennef, GPS N 50°46.888' E 007°15.441', DZ € 90

♦ Hotel Marktterrassen (qs), Frankfurter Straße 98, ☏ 022 42/91 33 70, hotel@hotel-marktterrassen.de, www.hotel-marktterrassen.de, kleines, zentral gelegenes, geräumiges Hotel nahe dem Bahnhof und direkt am Natursteig-Sieg-Zubringer, GPS N 50°46.502' E 007°17.067', gratis WLAN, DZ ab € 90

♦ Hotel Stadt Hennef, Wehrstr. 46-48, ☏ 022 42/921 30, rezeption@hotel-hennef.de, www.hotel-hennef.de, Hotel mit 21 Zimmern 1,5 km westlich vom Bf. Hennef, GPS N 50°46.439' E 007°16.253', DZ ab € 80

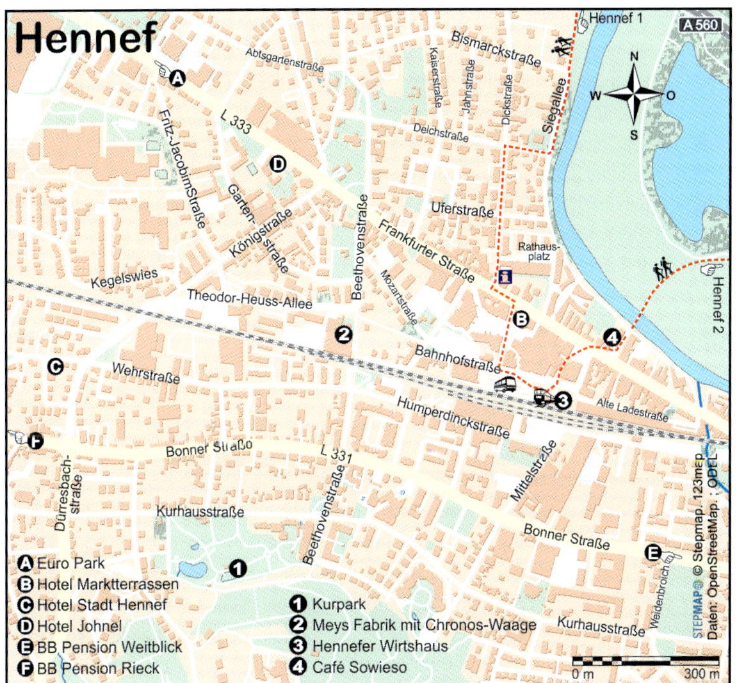

♦ Hotel Johnel, Frankfurter Straße 152, ☏ 022 42/96 98 30, ✉ hoteljohnel@t-online.de, 💻 www.hoteljohnel.de, Hotel mit 36 Zimmern an der Hauptausfallstraße, 500 m vom Zentrum und Natursteig Sieg, GPS N 50°46.673' E 007°16.631', gratis WLAN, DZ ab € 70

BB Pension Weitblick, Gero Brück, Weitblick 1, ☏ 02 242/933 48 22, 📱 01 76/96 89 70 36, 💻 www.pension-weitblick.de, günstige kleine Pension mit 3 Zimmern und Sonnenterrasse im Ortsteil Edgoven, 2 km südöstlich vom Zentrum, GPS N 50°45.728' E 007°17.994', EZ ab € 30, DZ ab € 50, Lunchpaket für € 3

♦ Pension Rieck, Hinter den Zäunen 11, ☏ 022 42/801 90, 💻 www.pension-rieck-hennef.de, einfache Unterkunft mit 2 Zimmern und Küche für mind. 2 Übernachtungen, 1,8 km westlich von der Ortsmitte, GPS N 50°46.318' E 007°15.525', DZ ab € 45

⛺ Östlich von Hennef liegen im Ortsteil Lauthausen direkt an der Sieg nahe dem Dondorfer See mehrere Campingplätze, ☞ Etappe 2, Abzweigung bei km 2,9.

viele Einkehrgelegenheiten, etwa das Hennefer Wirtshaus im Bahnhof mit großem Biergarten (qs), www.henneferwirtshaus.de, täglich ab 11:30

In der Innenstadt gibt es rund um den Bahnhof mehrere Supermärkte, u. a. Rewe, Lidl, Hit sowie Bäckereien.

gute Versorgung mit mehr als 5 Apotheken in der Ortsmitte

mehrere Buslinien ab/nach Hennef

Bahnhof Hennef für S-Bahn und Regionalbahn. Es gibt stündliche Verbindungen für die folgenden Linien:

- Richtung Siegen: um 50 nach mit RE9 sowie um 06 nach mit S12 bis Au
- Richtung Köln: um 09 nach mit RE9 sowie um 53 nach mit S12

Der etwas östlich gelegene Bahnhof Hennef-Siegbogen wird mit 2 Min. Abweichung von der S12 bedient.

Taxi Stern Hennef, 022 42/30 88, taxi-stern@t-online.de, www.hennef-taxi.de

Im 19. Jh. war das heute rund 45.000 Ew. zählende Hennef ein bekannter und staatlich anerkannter Kneipp-Kurort, in dem bis zum Anfang des 20. Jh. auch Landwirtschaft betrieben wurde, vor allem Weinbau. An die Zeiten von „Bad Hennef" erinnern der Kurpark und das 1912 eingeweihte „Kurhaus Sebastian Kneipp" im Stadtteil Geistingen, heute eine Seniorenresidenz. Oberhalb vom Kurpark zeigt ein geologischer Lehrpfad die Steine zur erdgeschichtlichen Vergangenheit. Die Frankfurter Straße mit einer Mischung aus barocker und moderner Architektur bildet den Ortsmittelpunkt.

Der Name „Hennef" soll auf den Hanfbach zurückgehen, der bei Hennef in die Sieg mündet. Das offizielle Anhängsel „… an der Sieg" soll helfen, einer Verwechslung mit dem nahe gelegenen Kurort Bad Honnef vorzubeugen. Erst seit 1981 wird Hennef als Stadt bezeichnet.

Waagen-Weltneuheit in Hennef

Bekannt ist Hennef durch die Chronos-Waage, die erste automatische Waage weltweit, die im 19. Jh. in Hennef entwickelt und 1883 durch die „Kaiserliche Normal-Aichungs-Kommission" in Berlin zur Eichung zugelassen wurde. Diese Waage konnte sich selbst eichen und musste nicht wie Jahrtausende vorher immer wieder per Hand neu eingestellt bzw. geeicht werden. Eine Ausstellung sowie ein Waagen-Wanderweg mit 22 Stationen informieren über die Waagen: www.hennef.de/waagen-wanderweg.

⌘ Dauerausstellung in Meys Fabrik „Gewichte, Waagen und Wägen im Wandel der Zeit“, Di 10:00 bis 13:00 und 14:00 bis 18:00, Mi und Fr 11:00 bis 13:00 und 14:00 bis 18:00, Do 16:00 bis 20:00 und Sa 10:00 bis 13:00

700 m nach der Abzweigung nach Hennef und Weingartsgasse (km 10, ⇧ 165 m) verlassen Sie in einer lang gestreckten Linkskurve den Forstweg am Hang auf dem Pfad rechts abwärts (Natursteig Sieg). Nach steilem Abstieg (km 10,3, ⇧ 110 m) queren Sie einen kleinen Bach über Steine und halten sich danach leicht links, vorbei an einer Holzbank. Nach 100 m verlassen Sie das Bachtal auf dem rechts hinauf führenden Pfad, halten sich nach 300 m bei einem Weg links und queren nach 700 m die Straße (km 11,3, ⇧ 200 m). Auf freier Fläche geht es geradeaus über die Hochebene, ehe Sie nach 800 m ein Spurweg wieder rechts abwärts in den Wald führt.

Nach 250 m erreichen Sie in einem Seitental mit Bach eine Abzweigung, an der diese Etappe endet (km 12,4, ⇧ 145 m, GPS N 50°17.376' E 007°18.556'). Geradeaus führt der (zweite) Zubringer nach Hennef und links abwärts neben dem Bach der Natursteig Sieg mit seiner zweiten Etappe weiter (u. a. Blankenberg Stadt 13,8 km).

Hennef, Schloss Allner

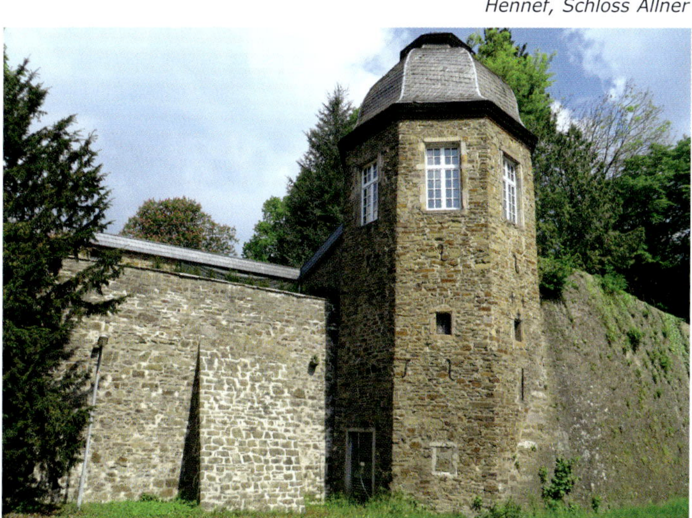

↳ Zweiter Abstecher nach Hennef (➲ 3,3 km)

Bei der linken Abzweigung des Natursteigs Sieg hinunter Richtung Blankenberg folgen Sie dem Zuweg nach Hennef geradeaus.

Nach 1,3 km verlassen Sie den Weg in einer Rechtskurve und nehmen den links abwärts führenden Pfad Richtung Hennef, der Sie nach 350 m im Wald durch ein Mauertor zur Hauptstraße B478 führt. Vor Ihnen befindet sich eine Plattform oberhalb einer alten Wassermühle, mit der früher Getreide und Öl gemahlen wurden.

Etwa 150 m links liegt an der B478 die Bushaltestelle Allner B478 mit Verbindungen der Linie 531 nach Hennef: Mo bis Fr jeweils stündlich ab 5:40 bzw. 5:55, Sa mindestens stündlich ab 7:57, So stündlich ab 8:57.

Weiter geht es rechts entlang der Straße. Links hinter der Mauer befindet sich die (nicht öffentlich zugängliche) Burganlage Allner (📷 S. 57), errichtet im 15. Jh. als Wasserburg und heute dominiert durch ein Herrenhaus aus dem 17. Jh. Nach 300 m macht die B478 einen Rechtsknick; Sie folgen der links abzweigenden kleineren Straße (Schlossstraße) weiterhin parallel zur Sieg und unterqueren nach 350 m die Autobahn, um danach in derselben Richtung der Birkenallee auf dem kleinen Schutzwall zu folgen und die Sieg über die neue, lang gestreckte Brücke für Fußgänger/Radfahrer zu queren. Auf der anderen Siegseite geht es beim Café SoWieso rechts in die Frankfurter Straße und nach 50 m links über den Platz und in die Bahnhofspassage zum Bahnhof. Rechts davon befindet sich Hennefs Zentrum mit dem Marktplatz (Infos zu Hennef: ☞ oben).

Brücke für Fußgänger/Radfahrer

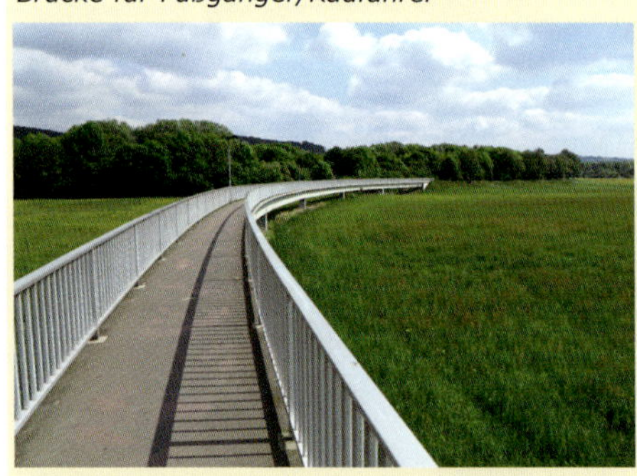

✕ Café SoWieso, Frankfurter Str. 75, ☏ 022 42/64 16, Einkehrgelegenheit am Ortsrand direkt am östlichen Zubringer zum Natursteig Sieg, Di bis Sa 10:00 bis 22:00

Etappe 2: Abzweig nach Hennef – Blankenberg

➲ 14,1 km, ⧗ 5 Std., ↑ 540 m, ↓ 520 m, ⇧ 70-235 m

0,0 km	⇧ 145 m	Abzweig nach/von Hennef (➲ 3,3 km BB ✕ ⌘)
0,5 km	⇧ 95 m	Bröl-Schule
2,9 km	⇧ 90 m	Abstecher nach Bröl (➲ 0,4 km)
3,8 km	⇧ 170 m	Abzweig nach Bödingen (➲ 0,7 km ✝), nach Lauthausen (➲ 2,1 km ✕ ⚠) und nach Blankenberg Bf. (➲ 4 km)
9,6 km	⇧ 209 m	Stachelberg
12,5 km	⇧ 80 m	Abzweig Blankenberg Bahnhof (➲ 0,5 km)
12,8 km	⇧ 85 m	Stein ✕
13,6 km	⇧ 150 m	Burgruine Blankenberg
14,1 km	⇧ 170 m	Blankenberg ✕ ✝ ⌘

Die zweite Etappe führt von Hennef nach Blankenberg, zu Beginn vorbei an der Wallfahrtskapelle Bödingen. Später wandern Sie von Hinscheid zum Stachelberg mit schönem Blick auf die Sieg mit ihrer Schleife bei Bülgenauel. Zielort ist das denkmalgeschützte Blankenberg mit seiner aussichtsreich gelegenen Burgruine. Sie gehen auf Waldwegen und kleinen Pfaden über weite Hochflächen und durch tiefe Wälder sowie entlang der Sieg.

(Zweiter) Zubringer von Hennef zum Natursteig Sieg (➲ 3,3 km)

Vom Bahnhof Hennef orientieren Sie sich nordwärts zur Hauptstraße Frankfurter Straße und gehen dort kurz rechts, um nach dem Café SoWieso links in die Straße zu biegen, die nach Hennefs Partnerstadt an der polnischen Weichselmündung benannt ist (Nowy-Dwor-Gdanski-Platz).

✕ Café SoWieso, Frankfurter Str. 75, ☏ 022 42/64 16, Di bis Sa 10:00 bis 22:00, am Ortsrand direkt am östlichen Zubringer zum Natursteig Sieg

Am Ende der kleinen Straße folgen Sie dem asphaltierten Rad-/Fußweg über die neue, lang gestreckte Brücke über die Sieg und die Siegauen und gehen danach geradeaus durch die Birkenallee für Fußgänger/Radler auf dem kleinen Schutzwall.

Sie unterqueren die Brücke der B478 und folgen danach dem Rad-/Fußweg geradeaus, über den Parkplatz. 350 m nach der Autobahnunterführung stoßen Sie vor der (nicht öffentlich zugänglichen) Burganlage Allner auf eine größere Straße und folgen dieser rechts 300 m auf dem Bürgersteig, links die Burgmauer, rechts das unter Naturschutz stehende Siegtal, bis Sie rechts eine kleine Plattform oberhalb einer alten Wassermühle (mit Infotafel) erreichen. Auf der anderen Straßenseite erkennen Sie in der Burgmauer einen eher unscheinbaren Durchgang, durch den mehrere Zubringerwege führen (Natursteig Sieg, Bergischer Weg). Nach dem engen Durchgang geht es auf einigen Treppenstufen und dann auf schmalem Waldpfad aufwärts.

Der Pfad mündet in einen größeren Weg, dem Sie nach rechts folgen. Der Weg führt am bewaldeten Hang entlang und erreicht in einem Seitental schließlich den Natursteig Sieg, dem Sie Richtung Blankenberg rechts abwärts folgen, neben dem Bach.

Alternativ steigen Sie in Bröl bei km 0,5 in den Natursteig Sieg ein. Dazu nehmen Sie von Hennef Bf. die Buslinie 531 oder 530 Richtung Rupperoth und steigen nach 7 Min. in Bröl-Schule aus. Die Verbindungen: Mo bis Fr halbstündlich ab 5:28, Sa mindestens stündlich ab 7:14, So stündlich ab 9:14.

Vom Zielpunkt des zweiten (östlichen) Zubringers von Hennef bzw. dem Endpunkt der 1. Etappe (km 0, ⇧ 145 m, GPS N 50°47.376' E 007°18.556') folgen Sie dem Natursteig Sieg steil abwärts durch eine bewaldete Schlucht und passieren nach 7 Min. den westlichen Ortsrand von Bröl (km 0,5), wo Sie die B478 queren. Weiter geht es auf der anderen Seite bzw. um 30 m nach links versetzt.

50 m links liegt die Bushaltestelle Bröl-Schule mit Verbindungen der Linien 530 und 531 nach Hennef: Mo bis Fr jeweils stündlich ab 5:38 bzw. 5:53, Sa mindestens stündlich ab 7:55, So stündlich ab 8:55.

Ab Bröl führt der Natursteig Sieg entlang des Brölbaches zu einer Brücke, über diese hinüber und weiter links, anfangs auf einem Damm, später durch Wald und am Südufer des Brölbaches entlang, mit Blick nach links auf Bröl. Südlich von Bröl verlässt der Natursteig Sieg bei Fischteichen den Bach (km 2,9, ⇧ 90 m), über den eine Brücke nach Bröl führt (☞ Abstecher).

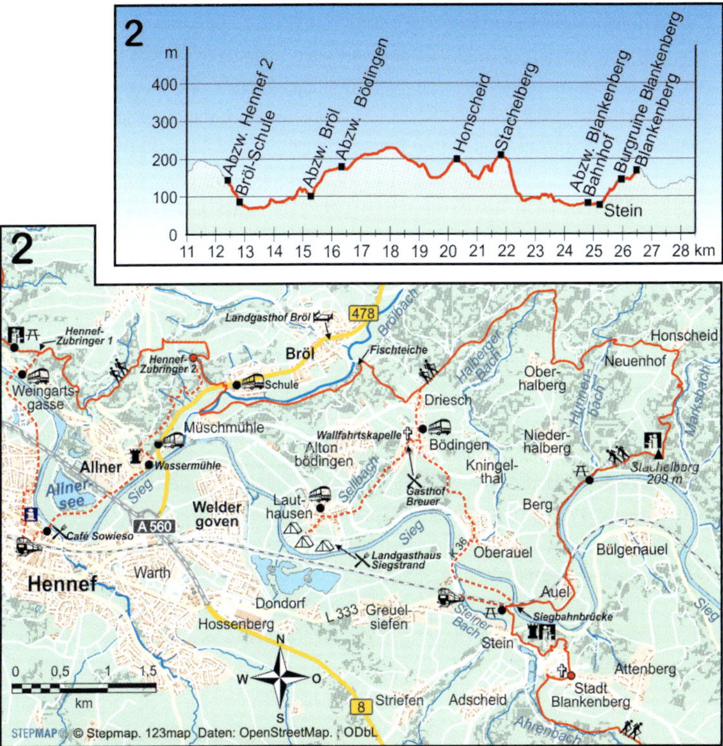

Abstecher nach Bröl (➲ 0,4 km)

Sie folgen bei den Fischteichen bzw. der Brücke der Straße nach links über die Brücke hinüber, um vom Süden her auf der Straße Am Steg die Ortsmitte von Bröl zu erreichen, einem Ortsteil von Hennef mit Übernachtungsgelegenheit:

🛏 Landgasthof Bröl, Im Bröltal 100, ☎ 022 42/901 95 60, kleiner Gasthof mit 7 Zimmern direkt an der B478, 400 m vom Natursteig Sieg, 2 km vom Bf. Hennef, GPS N 50°47.478' E 007°19.731', DZ ab € 75, Restaurant Di bis Sa 11:00 bis 15:00 und 17:30 bis 23:00, So 11:00 bis 23:00

🚌 Bushaltestelle Bröl neben dem Landgasthof mit Verbindungen der Linien 530 und 531, um 1 bis 2 Min. versetzt gegenüber Bröl-Schule (☞ oben bei km 0,5)

Sie folgen dem Natursteig Sieg rechts durch Wald aufwärts. Kurz nach dem Ende des Waldes (km 3,6, ⇧ 170 m) halten Sie sich vor dem Dorf Driesch links und erreichen nach 200 m den Nordrand des Dorfes mit Möglichkeiten für Abstecher zur Wallfahrtskirche Bödingen, zu mehreren Campingplätzen sowie zu einer Abkürzung zum Etappenziel Blankenberg.

Abstecher nach Bödingen mit Wallfahrtskirche (➲ 0,7 km) und zu Campingplätzen (➲ 2,1 km)

Sie folgen scharf rechts der kleinen Straße (Auf dem Driesch) Richtung Bödingen mit Wallfahrtskirche und Einkehrgelegenheit. Nach 500 m, 100 m nach der Bushaltestelle, biegen Sie rechts ab (An der Klostermauer) und stehen nach 50 m zwischen Wallfahrtskirche (rechts) und Einkehrgelegenheit (links). Erstere bestimmt neben ehemaligen Klostergebäuden und alten Fachwerkhäusern das Dorfbild.

✞ Mittelpunkt des Marien-Wallfahrtsorts Bödingen ist die um 1400 errichtete gotische Wallfahrtskirche „Zur schmerzhaften Mutter“.

✕ Gasthof Breuer (qs), An der Klostermauer 39, ☏ 022 42/37 87, www.gasthof-breuer.de, Gaststätte in einem Fachwerkhaus aus dem 17. Jh. gegenüber der Wallfahrtskirche, 600 m vom Natursteig Sieg, Di bis Fr 16:00 bis 23:00, Sa und So 10:00 bis 22:00

Bushaltestelle in Bödingen mit Verbindungen der Linie 532 von/nach Hennef: Mo bis Fr stündlich ab 7:30, nachmittags auch halbstündlich, Sa alle 2 Std. ab 8:30, So alle 2 Std. ab 10:30

Weiter zu den **Campingplätzen** folgen Sie der links beim Gasthof abknickenden Straße (In der Sellbach), die Sie nach 1,3 km in den Hennefer Ortsteil Lauthausen führt.

☺ Schöner ist der am Ende von Bödingen rechts von der Straße abzweigende Weg, der direkt neben dem Sellbach durch Wald abwärts führt nach Lauthausen.

Bushaltestelle Lauthausen-Mitte mit Verbindungen der Linie 532 von/nach Hennef: Mo bis Fr stündlich ab 7:24, nachmittags auch halbstündlich, Sa alle 2 Std. ab 8:24, So alle 2 Std. ab 10:24

Dort halten Sie sich links und folgen der kleinen Straße Mahlberg hinunter zur Siegschleife, an der mehrere Campingplätze sowie eine Einkehrgelegenheit liegen:

✕ Landgasthaus Siegstrand, Mahrberg 50, ☏ 022 42/917 06 48, 💻 www.siegstrand.de, Gaststätte mit Biergarten am Campingplatz Siegpark (☞ unten) nahe dem Siegufer, Mai bis September täglich 11:00 bis 22:00, sonst Di bis Do 15:00 bis 22:00, Fr bis So 11:00 bis 22:00

⛺ Campingplatz Siegpark Hennef (qs), Mahrberg 50, ☏ 022 42/917 06 48, 📱 01 60/90 23 74 25, ✉ info@siegpark-hennef.de, 💻 www.siegpark-hennef.de, kleinerer Platz, GPS N 50°46.437' E 007°19.469', April bis Oktober. Die Rezeption befindet sich im Restaurant Siegstrand.

♦ Campingplatz Freizeitwelt Siegblick, Fam. Janssen, Mahrberg 40, ☏ 022 42/810 81, ✉ mail@camping-janssen.de, 💻 www.camping-janssen.de, GPS N 50°46.386' E 007°19.584', Ostern bis Oktober

♦ Siegtalcamping, Fam. Raderschadt, Mahrberg 8, ☏ 022 42/52 34, ✉ kontakt@siegtalcamping.de, 💻 www.siegtal-camping.de, GPS N 50°46.380' E 007°19.802', April bis Oktober, 2 Personen mit Zelt ab € 16. Für die Nutzung eines Kühlschranks werden stolze € 4,50 berechnet – pro Tag! ☺ Dann mal doch lieber Käse etc. in feuchte Tücher wickeln!

Abkürzung nach Blankenberg
(➲ 4 statt 9,6 km, zum Bahnhof nur 2,5 km)

Für eine Abkürzung nach Blankenberg biegen Sie ebenfalls in Driesch nach Bödingen ab, folgen dort aber nach der Bushaltestelle (☞ oben) der Karl-Müller-Straße geradeaus, um nach 600 m, 200 m nach der Bushaltestelle, links der

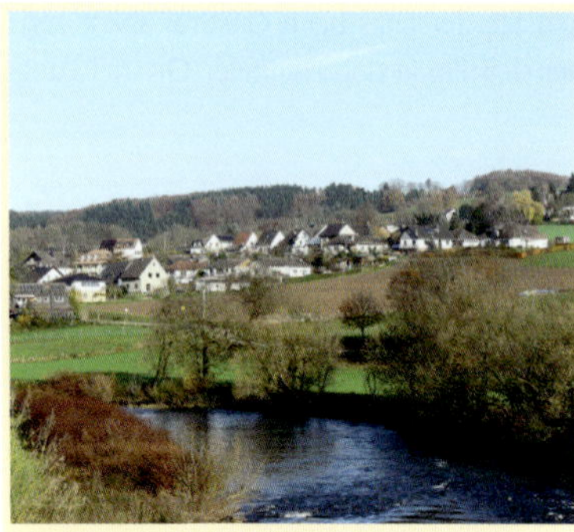
Die Sieg bei Oberauel

Oberaueler Straße zu folgen, nach 100 m vorbei am Friedhof und einer weiteren Bushaltestelle (Abfahrten wie oben, nur 1 Min. früher).

Etwa 30 m nach dem Friedhofsende nehmen Sie den rechts abzweigenden Weg, der Sie abwärts führt, zunächst durch Wald, später durch offenes Gelände. 800 m nach dem Friedhof erreichen Sie die Ortsmitte von Oberauel.

Bushaltestelle in Oberauel mit Verbindungen der Linie 532 von/nach Hennef: Mo bis Fr stündlich ab 7:26, nachmittags auch halbstündlich, Sa alle 2 Std. ab 8:26, So alle 2 Std. ab 10:26

In Oberauel halten Sie sich kurz rechts, um dann der Landstraße links über die Sieg zu folgen.

Nach 100 m halten Sie sich kurz nacheinander zweimal links, queren den Steiner Bach und folgen dem Weg in knapp 100 m Abstand parallel zur Sieg. Nach 700 m (km 3 der Abkürzung) stoßen Sie vor der Siegbahnbrücke unterhalb von Blankenberg wieder auf den Natursteig Sieg, bei km 12,5 (GPS N 50°46.055' E 007°21.371').

Zum Bahnhof Blankenberg folgen Sie nach der Querung der Sieg der Straße südwärts. Sie erreichen den Bahnhof 300 m nach der Brücke.

Der Natursteig Sieg führt kurz darauf in den Wald oberhalb des Halberger Baches. Nach 1,8 km erreichen Sie nahe der Bachquelle eine T-Kreuzung (km 5,6, ⇧ 235 m), wo Sie links (südwärts) abbiegen. Nach 700 m halten Sie sich am Rand des Dorfes Oberhalberg (km 6,3, ⇧ 205 m) links, um durch Wald in das Hunnenbachtal abzusteigen (km 7,2, ⇧ 150 m). Nach kurzem Anstieg passieren Sie Honscheid mit seiner kleinen Kapelle, hinter der sich der Natursteig Sieg auf einem kleinen Pfad hinunter in das Marksbachtal fortsetzt, das Sie aber bald wieder verlassen, um den Stachelberg zu erreichen (km 9,6, ⇧ 209 m).

schöner Ausblick vom Stachelberg auf das Siegtal und das dahinter aufragende Siebengebirge

Weiter geht es auf dem Natursteig Sieg abwärts auf kleinem Pfad durch Laubwald. Nach dem Abstieg queren Sie erneut den Hunnenbach (km 10,2, ⇧ 85 m), dieses Mal bei dessen Mündung in die Sieg, wo eine Rastbank zur Pause einlädt.

Weiter folgen Sie der Sieg an deren Außenufer und passieren in der folgenden Siegschleife das Dorf Auel mit seinen Fachwerkhäusern (km 11,6, ⇧ 75 m).

Haltestelle Auel für AST (Anrufsammeltaxi) der Stadt Hennef Richtung Hennef (Linie 582), täglich stündlich um 50 nach, nur mit Voranmeldung (mind. 60 Min. vorher), ☏ 07 00/008 88 55, www.hennef.de/ast

Der Natursteig Sieg führt kurz nach Auel neben der Bahnbrücke über die Sieg. 50 m nach der Bahnbrücke erreichen Sie eine Abzweigung mit Tisch und Bank (km 12,5, ⇧ 80 m). Hier folgen Sie dem Pfad scharf links am Waldrand entlang auf die Burg zu (u. a. Stadt Blankenberg 1,4 km).

Geradeaus führt der Pfad als Zubringer links vom Bahndamm zum **Bahnhof Blankenberg** (➲ 0,5 km).

Bahnhof für S-Bahn mit Verbindungen der S12 Richtung Köln und Au. Mo bis Fr alle 20 Min., Sa und So stündlich um 46 nach Richtung Köln und um 11 nach Richtung Au

Nach 300 m queren Sie die Siegtalstraße.

50 m rechts liegt der Biergarten Steinhof, Am Burghart 27, ☏ 022 42/969 83 38, Mo sowie Mi-Fr 17:00 bis 23:00, Sa und So 11:00 bis 23:00

Haltestelle Stein für AST (Anrufsammeltaxi) Richtung Hennef (Linie 582) neben dem Biergarten, täglich stündlich um ca. 30 nach, nur mit Voranmeldung (mind. 60 Min. vorher), ☏ 07 00/00 88 85 5, www.hennef.de/ast

Sie gehen geradeaus weiter und passieren zur Linken die NaturWerkstatt Hennef und danach eine weitere Einkehrgelegenheit:

✕ Restaurant Mühle zu Blankenberg, Steiner Mühle, ☏ 022 42/969 71 11, www.muehlezublankenberg.de, fast nur abends: Di bis Fr ab 17:30, Sa ab 16:00, So 11:30 bis 23:00. Seit 1999 befindet sich in dem Gebäude der ehemaligen Wassermühle ein Restaurant.

Nach der Einkehrgelegenheit folgen Sie dem Natursteig Sieg nach links aufwärts, um nach 600 m Anstieg durch Wald vor der Burg Blankenberg auf deren Parkplatz zu stoßen (km 13,6, ⇧ 150 m).

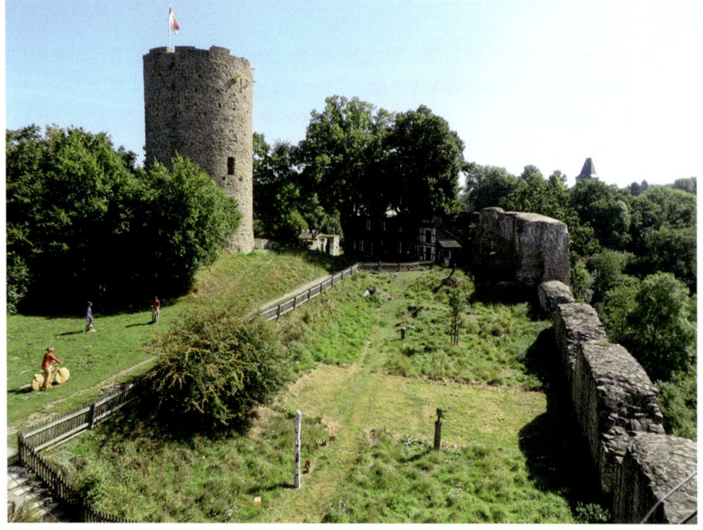

Burg Blankenberg

Die **Burg Blankenberg** wurde 1180 von den Gafen von Sayn an einer strategisch günstigen Stelle errichtet: Von hier ließen sich die Zugänge zum Siegtal, ins Bergische Land, in den Westerwald und ins Siebengebirge kontrollieren. Die Burganlage mit den Mauern sowie dem Burggarten kann besichtigt werden.

April bis September Di bis So 10:00 bis 18:00, je nach Wetter auch im März und Oktober, Eintritt frei

toller Blick von der Burg hinunter in das Siegtal

Der Natursteig Sieg führt anschließend in einem kleinen Bogen nördlich um Blankenburg herum, um nach 200 m die mittelalterliche Stadt zu durchqueren, deren – sehr überschaubarer – historischer Ortskern etwas rechts liegt (km 14,1, ⇧170 m).

Blankenberg

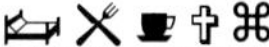

Galerie Hotel & Haus Sonnenschein (qs), Mechtildisstr. 13 bzw. 16, ☏ 022 48/92 00, info@hotel-haus-sonnenschein.de, www.hotel-haus-sonnenschein.de.
26 Zimmer werden unterhalb des historischen Marktes geboten, 100 m vom Natursteig Sieg, GPS N 50°45.718' E 007°21.770'. DZ ab € 80, Restaurant täglich durchgehend bis 22:00

weitere Einkehrmöglichkeiten, etwa:

- ♦ Restaurant-Café zum Alten Turm (qs), Katharinastr. 6, ☏ 022 48/21 02, www.zumaltenturm.de, zentral gelegenes Restaurant mit Biergarten und Eismanufaktur, Di bis Sa 11:00 bis 14:00 und 17:30 bis 21:00, So 11:30 bis 20:00
- ♦ Weincafé Alt Blankenberg (qs), Markt 23, ☏ 022 48/15 97, www.alt-blankenberg.de. Das kleine Weincafé mit Garten serviert Weine von Rhein, Ahr und Mosel und dazu kleine Snacks, Mo bis Mi und Fr ab 15:00, Sa und So ab 13:00
- ♦ Panoramacafé Krey (qs), ☏ 022 48/23 09, www.panoramacafe-krey.de, zentral gelegenes Café mit Bäckerei und toller Aussichtsterrasse. Spezialität sind Windbeutel in verschiedenen Variationen. Di bis Sa 14:30 bis 18:00, So 10:00 bis 18:00

Haltestelle Blankenberg Markt für AST (Anrufsammeltaxi) der Stadt Hennef Richtung Hennef und Bahnhof Blankenberg (Linie 582), täglich stündlich um 30 nach, nur mit Voranmeldung (mind. 60 Min. vorher), ☏ 07 00/008 88 55, www.hennef.de/ast

Die mittelalterliche Stadt Blankenberg erhebt sich mit ihren Fachwerkhäusern, romantischen Gassen und Resten der alten Stadtmauer auf einem Felsen 80 m oberhalb des Siegtals.

Blankenberg – Neustadt als Altstadt, Stadt ohne Stadtrechte

Der urkundlich erstmals im 12. Jh. genannte Ort hatte von 1245 bis 1805 Stadtrechte. Heute ist Blankenberg Stadtteil von Hennef und darf als Titularstadt die historische Bezeichnung „Stadt" im Namen tragen, ohne aber Stadtrechte zu besitzen. Stadt und Burg zusammen bildeten einst eine mittelalterliche Großburganlage. Unterhalb der Burg siedelten sich Handwerker und Kaufleute an, sodass die Stadt zu Füßen der Burg im Laufe der Zeit nach oben hin wuchs – bis zum heutigen Bereich von Blankenberg. Die eigentliche Altstadt unterhalb der Burg verfiel nach den Wirren des Dreißigjährigen Krieges, während die einstige, weiter oberhalb gelegene „Neustadt" mit ihrer erhaltenen Stadtmauer heute allseits als Altstadt daherkommt.

Stadtmauer

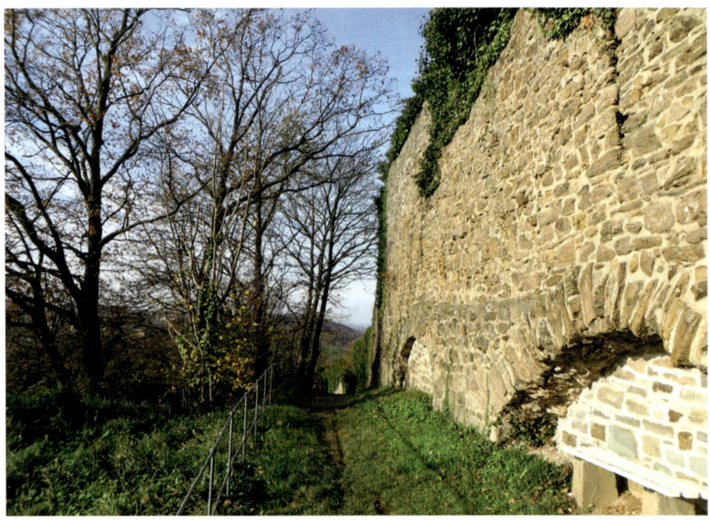

✝ Die Pfarrkirche St. Katharina wurde nach einem Brand 1986 neu erbaut und gilt als Wahrzeichen der Stadt Blankenberg. Noch erhalten sind Reste von Wandmalereien aus dem 13. und 14. Jh.

⌘ Blankenberg hat zwei kleine, ehrenamtlich geführte Museen, die beide aber nur sehr selten geöffnet sind:

- Turmmuseum im Turm der Pfarrkirche St. Katharina, So 15:00 bis 17:00
- Weinbaumuseum im Runenhaus, einem Fachwerkhaus in der Renteigasse 6, So 15:00 bis 17:00

Etappe 3: Blankenberg – Merten

10 km, 3 Std. 30 Min., 240 m, 300 m, 85-230 m

0,0 km	170 m	Blankenberg
3,5 km	205 m	Süchterscheid
7,0 km	110 m	Abstecher zu Hotels (2 km)
9,2 km	85 m	Merten-Bach
10,0 km	105 m	Merten **fewo**

Von Blankenberg mit seiner Stadtmauer wandern Sie durch schmale, unter Naturschutz stehende (Seiten)Täler und durch den Weiler Süchterscheid nach Merten mit seiner alten Klosterkirche.

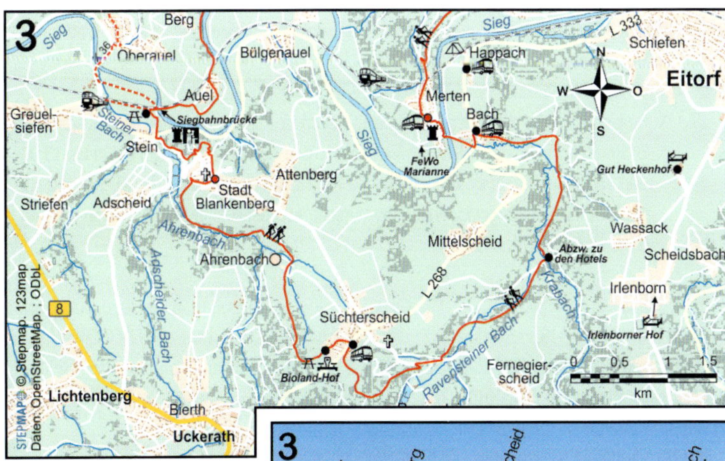

Sie verlassen Blankenberg durch das südliche Stadttor, den im 13. Jh. erbauten Katharinenturm, in dem 1935 eine Jugendherberge und 1936 ein Heimatmuseum eingerichtet wurden (☞ unten). Kurz darauf folgen Sie rechts dem Pfad aufwärts, der links neben der Stadtmauer verläuft.

✞ Nach 50 m bietet sich rechts durch einen Durchlass in der Mauer ein kurzer Abstecher (2 x 30 m) zur Katharinenkirche an.

Nach 250 m neben der Stadtmauer folgen Sie dem Natursteig Sieg scharf links und auf bewaldetem Pfad hinab in und weiter durch das Ahrenbachtal, das zusammen mit dem Adscheider Tal als 177 ha großes Gebiet unter Naturschutz steht.

💻 www.naturschutzinformationen-nrw.de/nsg/de/fachinfo/gebiete/gesamt/SU_056

Nach der Querung des Baches unterhalb des Dorfes Ahrenbach (km 2) geht es aufwärts und unter Hochspannungsleitungen hindurch.

Am Anfang von Süchterscheid passieren Sie den in zweiter Generation geführten Bioland-Hof Hüsgen (km 3,4, ⇧ 220 m, GPS N 50°44.770' E 007°22.887'), der auf Gemüse und Gartenpflanzen spezialisiert ist – mit rund 40 Gemüse- und Obstsorten.

Bioladen am Hof mit Lebensmitteln vom Hof sowie zugekauften (u. a. Backwaren und Biosortiment), ☏ 022 48/17 95, 💻 www.bioland-huesgen.de, Mo 11:00 bis 13:00 und 14:00 bis 18:30, Di, Mi und Fr 9:00 bis 13:00 und 14:00 bis 18:30, Sa 8:30 bis 13:00. Eine Einkehrgelegenheit gibt es nicht, aber Besucher können gerne im Garten eine Brotzeit machen.

Kurz darauf erreichen Sie den Ortsrand von Süchterscheid und queren dort die (Heilig-Kreuz-)Straße (km 3,7, ⇧ 205 m). Der Ort bietet eine ✞ Wallfahrtskirche und eine Übernachtungsgelegenheit, zu erreichen links entlang der Heilig-Kreuz-Straße (nach 200 m).

Landhaus Süchterscheid (qs), Mühlental 3, ☏ 022 48/604 01 57, landhaus.suechterscheid@web.de, 💻 www.landhaus-suechterscheid.de, kleines Hotel-Restaurant mit 6 Zimmern in Süchterscheid an der Kreuzung, 200 m vom Natursteig Sieg, GPS N 50°44.860' E 007°23.228', gratis WLAN, DZ ab € 70, Restaurant täglich 12:00 bis 22:00, So ab 11:00, im Winterhalbjahr Mo bis Sa nachmittags (14:00 bis 17:00) geschlossen

Bushaltestelle Süchterscheid mit Verbindungen der Linie 570 nach/von Eitorf: Mo bis Fr stündlich ab 6:37, Sa und So alle 2 Std. ab 8:37. Sa und So nur mit Voranmeldung (mind. 30 Min. vorher), ☏ 022 41/49 99 99

Nach der Querung der Heilig-Kreuz-Straße folgen Sie halb rechts der kleinen Straße (Zur Thomaseiche). Der Natursteig Sieg führt Sie kurz danach durch Wald abwärts in das Tal des Ravensteiner Baches (km 5,4, ⇧ 150 m) und folgt diesem bis zur Mündung in den Krabach (km 6,9, ⇧ 110 m). Kurz vor der Mündung queren Sie eine Straße, von der Abstecher zu Übernachtungsgelegenheiten möglich sind, indem Sie der Straße rechts folgen (jeweils etwa 2 km):

Gasthof Irlenborner Hof, Hauptstr. 62, ☏ 022 43/65 85, irlenborner-hof@web.de, einfacher Gasthof mit 12 Betten im Eitorfer Ortsteil Irlenborn südlich vom Golfplatz, 1,7 km vom Natursteig Sieg, GPS N 50°45.055' E 007°25.769', DZ ab € 50

Gut Heckenhof (qs), Hotel- & Golfresort, Heckerhof 5, ☏ 022 43/92 32-0, www.gut-heckenhof.de, großes Golfresort in ruhiger Lage mit Restaurant für gehobene Ansprüche oder Brasserie für Kleinigkeiten, 2 km vom Natursteig Sieg, GPS N 50°45.706' E 007°25.958', DZ ab € 150. Der Preis für die Suite ist Spitze am gesamten Natursteig Sieg: bis zu € 260. Brasserie Mo bis So 12:00 bis 21:45, Restaurant Mo bis Sa 18:30 bis 23:00

Die Täler von **Ravensteiner Bach und Krabach** stehen als 205 ha großes Gebiet mit vielen verschiedenen Wald- und Wiesen-Biotopen wie Eichen-Buchenwald, Auwäldern, Magerrasen oder Streuobstwiesen unter Naturschutz.

www.naturschutzinformationen-nrw.de/nsg/de/fachinfo/gebiete/gesamt/SU-116

Dem einsamen und ruhigen Krabachtal bzw. -bach folgen Sie nordwärts bis zu dessen Mündung in die Sieg. Beim Ort Bach erreichen Sie die Hauptstraße (km 9,2, ⇧ 85 m).

Bushaltestelle Merten Bach rechts an der Hauptstraße mit Verbindungen der Linie 570 nach/von Eitorf (siegabgewandte Seite): Mo bis Fr stündlich ab 6:44, Sa und So alle 2 Std. ab 8:44. Sa und So nur mit Voranmeldung (mind. 30 Min. vorher), ☏ 022 41/49 99 99

Sie folgen der Hauptstraße für 100 m nach links. Weiter geht es nach rechts, über den Krabach und die Sieg zum Zielort Merten.

Tisch und Bank rechts nach der Brücke unterhalb der alten Klostermauern

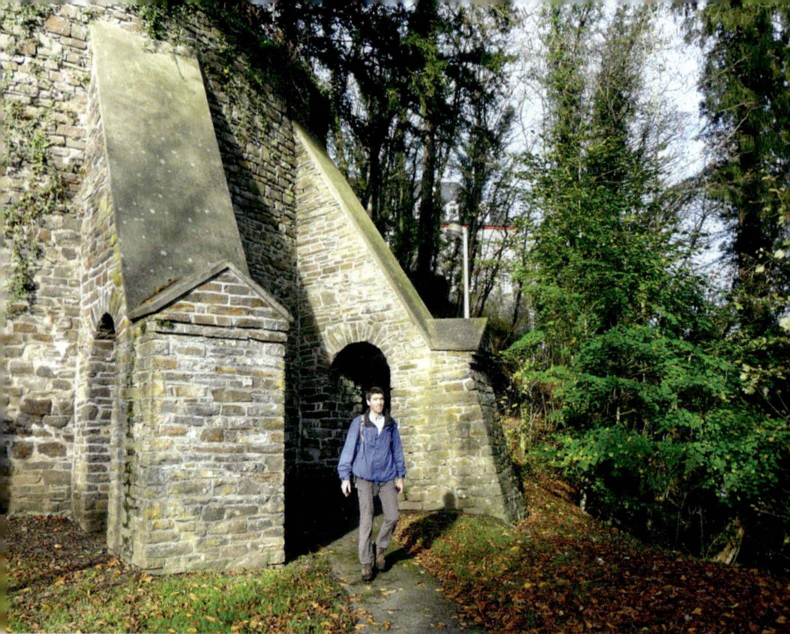

An den Klostermauern von Merten

Nach der Brücke nehmen Sie den rechts unterhalb der Klostermauern abzweigenden Pfad – durch die zwei kleinen Tore – und kommen zum Parkplatz der Schlossanlage Merten, die Sie links erreichen (km 10, ⇧ 105 m).

Merten

fewo ⛺ ☕ ♜ ✝ 🚆

fewo Ferienwohnung Marianne, Gassenkreuz 11, ☏ 022 43/60 67, ✉ s.von_linden-gerlach@gmx.de, 75 m² große Fewo mit 3 Betten, 1 km vom Bf. Merten und 200 m vom Natursteig Sieg, GPS N 50°45.860' E 007°23.706', ab € 45

⛺ Campingplatz Happach, Hennefer Str. 8, ☏ 022 43/35 33, ✉ info@campingplatz-happach.de, 💻 www.campingplatz-happach.de, 3-Sterne-Platz zwischen Sieg und Bahnlinie, 500 m flussaufwärts von Merten, GPS N 50°46.349' E 007°23.960', 🚪 Anfang April bis Ende Oktober

🚆 Bahnhof für S-Bahn mit Verbindungen der S12 Richtung Köln und Au. Mo bis Fr alle 20 Min., Sa und stündlich um 43 nach Richtung Köln und 14 nach Richtung Au. Der Bahnhof liegt 800 m außerhalb vom Ort; dem Burgweg in nordwestliche Richtung folgen.

Das **Schloss Merten** in der Schlossstraße 14 wurde erstmals als Augustinerinnenkloster im Jahr 1217 urkundlich erwähnt. Das Kloster wurde im Zuge der Säkularisation 1803 aufgehoben. Nach verschiedenen Nutzungen – u. a. als Damenstift, Schule, Familienerholungsheim und Jugendgästehaus – ist hier heute ein Alten- und Pflegeheim untergebracht. Im Zweiten Weltkrieg wurde der Kölner Domschatz in den Kuppelkeller von Schloss Merten mit seinem steinernen Gewölbe ausgelagert. Zur Anfang des 20. Jh. im neobarocken Stil umgebauten Anlage mit dem 18.000 m² großen Park gehört die sogenannte „Orangerie“, ein neobarockes Schlösschen von 1909.

Die Außenanlagen, die Orangerie sowie der Schlosspark sind für die Öffentlichkeit frei zugänglich.

kleines Café mit großer Terrasse in der Orangerie, Di bis Fr 15:00 bis 17:00, Sa und So 11:00 bis 18.00

Die romanische katholische **Kirche St. Agnes** aus dem 12. Jh. erhebt sich mit ihren Doppeltürmen neben dem Schloss Merten als ehemalige Klosterkirche mit barocker Ausstattung.

außerhalb der Gottesdienste, im Sommer Di bis Fr 15:00 bis 17:00, Sa und So 11:00 bis 18:00, im Winter nur Sa und So 13:00 bis 16:00

Etappe 4: Merten – Abzweig nach Eitorf

11 km, 4 Std. 30 Min., 520 m, 405 m, 105-235 m

0,0 km	105 m	Merten (**fewo**)
2,6 km	225 m	Abstecher zum Haus Waldfrieden (0,7 km **BB fewo**)
3,7 km	140 m	Abstecher nach Bourauel (1 km **BB**)
7,2 km	205 m	Storcker Hütte
11,0 km	210 m	Abzweig nach Eitorf (2,4 km ⌘)

Von Merten wandern Sie über die Mertener Höhe mit weiter Sicht auf das Siegtal, ehe Sie etwas weiter von der Sieg entfernt den Nutscheid passieren, das größte zusammenhängende Waldgebiet im Bergischen Land. Nach dem Mengbachtal geht es durch eine Auenlandschaft, bevor Sie Eitorf erreichen.

Der Natursteig Sieg führt in nördliche Richtung aus Merten (km 0, 105 m) heraus und quert dabei die Bahnlinie, um kurz danach plötzlich die Straße nach rechts zu verlassen und weiter durch Wald aufwärts zu führen. Nach 40 Min. erreichen Sie die kleine Straße Hohner Weg (km 2,6, ⇧ 225 m). Links am Hohner Weg liegt nach 10 Min. eine Unterkunft:

✕ **BB fewo** Gästezimmer Haus Waldfrieden, Hohn 5, ☏ 022 43/63 00, 01 51/11 95 19 65, Einkehrgelegenheit, 5 Zimmer und 3 Appartements, 700 m vom Natursteig Sieg, GPS N 50°47.110' E 007°24.233', DZ und Fewo ab € 66, Restaurant Mo bis Mi sowie Fr und Sa ab 16:00, So ab 10:00

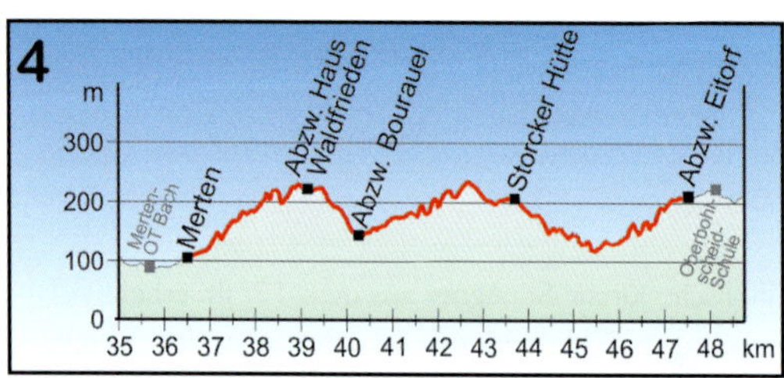

Sie folgen dem Hohner Weg für 100 m nach rechts, um sofort den links abzweigenden Pfad zu nehmen. Rechts hinter Ihnen erhebt sich der 234 m hohe Küpp. Durch Wald geht es in Kurven abwärts in das Mengbachtal (km 3,7, ⇧ 140 m). Dort zweigt nach rechts ein Zuweg nach Bourauel ab:

Abstecher nach Bourauel mit Übernachtungsgelegenheit (➲ 1 km)

Im Bachtal folgen Sie dem Zuweg nach Bourauel, der rechts vom Mengbach durch dessen Tal führt und nach 1 km den Wald verlässt und den Ort Bourauel erreicht.

BB Im Äuelchen, Bourauelerstraße 88, ☏ 022 43/39 04, rosi.flerlage@t-online.de, www.gaeste-studio-im-aeuelchen-eitorf.de, Privatzimmer mit kleiner Küchenzeile, 1 km vom Natursteig Sieg, gratis Transfer zum Bf. Eitorf, GPS N 50°46.727' E 007°25.295', DZ ab € 60

Der Natursteig Sieg folgt dem schmalen Bachtal für etwa 15 Min. nordwärts, ehe es mit etwas Auf und Ab aus dem Tal auf den Kamm hinauf geht. Auf dem bewaldeten Hauptkamm (km 6,1, ⇧ 235 m) halten Sie sich an einer T-Kreuzung rechts und folgen dem Pfad auf dem Kammrücken südwärts zur Storcker Hütte (km 7,2, ⇧ 205 m). Ab der Hütte geht es geradeaus abwärts auf der Zufahrtsstraße, die Sie nach 500 m nach einer Rechtskurve links auf einem abwärts führenden Waldpfad verlassen. Nach einer scharfen Linkskurve erreichen Sie die Schmelztalstraße (km 8,8, ⇧ 135 m). Parallel zu dieser Straße geht es 200 m nach rechts, ehe Sie links dem Pfad folgen, der erst den Schmelzbach quert und weiter ostwärts durch das Tal des Überbuschbaches führt.

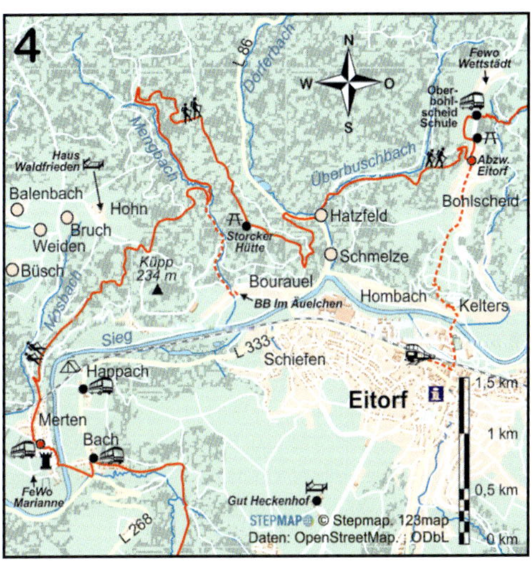

Nach 1,2 km in dem Bachtal des Überbuschbaches (km 10,2, ⇧ 155 m) folgen Sie bei einer Gabelung dem Natursteig Sieg nach rechts und aufwärts aus dem Tal heraus. Nach knapp 10 Min. halten Sie sich kurz nacheinander zweimal rechts und erreichen oberhalb vom Eitorfer Ortsteil Bohlscheid die Abzweigung des Zubringers nach Eitorf und damit das Etappenende (11,1 km, ⇧ 210 m, GPS N 50°47.314' E 007°27.157').

↳ Abstecher nach Eitorf (➲ 2,4 km)

Der Zubringerweg führt geradeaus süd- und abwärts auf der Denkmalstraße Richtung Eitorf, anfangs durch Bohlscheid. Nach 300 m verlassen Sie die Straße und folgen dem Zubringerweg nach rechts abwärts. Bei folgenden Kreuzungen halten Sie sich im Zweifelsfall geradeaus, immer abwärts.

1,2 km nach dem Abzweig vom Natursteig Sieg beginnt ein etwas steilerer kurzer Abstieg 80 Höhenmeter abwärts in das Siegtal, wo Sie erst die Kelterser Straße und dann die Sieg queren, ehe Sie geradeaus der Brückenstraße folgen, rechts am Sportplatz vorbei. Nach dem Sportplatz queren Sie die Bahnlinie. Danach geht es rechts zum Bahnhof oder geradeaus, rechts am Rewe-Supermarkt vorbei, in die Ortsmitte.

Eitorf

Touristik-Service Eitorf, Markt 1, 53783 Eitorf, ☏ 022 43/194 33, touristinfo@eitorf.de, www.touristservice-eitorf.de, Mo bis Mi 8:00 bis 12:00 und 14:00 bis 15:30, Do 8:00 bis 12:00 und 14:00 bis 17:00, Fr 8:00 bis 12:00

Hotel Schützenhof (wd, qs), Windecker Str. 2, ☏ 022 43/88 70, info@hotelschuetzenhof.de, www.hotel-schuetzenhof-eitorf.de, größeres, familiengeführtes Hotel mit Schwimmbad und Wellnessbereich nahe der Sieg, etwa 2,5 km östlich von Eitorf im Ortsteil Alzenbach und 3 km vom Natursteig Sieg, GPS N 50°46.172' E 007°29.052', DZ ab € 90

♦ Gaststätte Monschau, Schoellerstraße 13, ☏ 022 43/84 08 07, kleiner Gasthof 100 m vom Marktplatz, GPS N 50°46.170' E 007°26.871'

zahlreiche Einkehrgelegenheiten im Zentrum

einige nette Cafés:

♦ Cafekränzchen (qs), Asbacher Str. 9, ☏ 022 43/25 17, www.cafekraenzchen.de, zentral gelegenes Café an der Kirche, Mo bis Fr 5:30 bis 18:00, Sa 5:30 bis 13:00, So 7:00 bis 18:00

♦ La Petite Confiserie (qs), Bergstraße 24, ☏ 022 43/926 92 58, www.la-petite-confiserie.de, französisch angehauchtes Café 300 m südlich vom Zentrum, Di bis So 10:00 bis 18:00

♦ Das Trödelcafe, ☏ 022 43/84 56 77, www.der-blumenhof.de. Das Trödelcafé lädt südöstlich vom Zentrum im Blumenhof zum Entspannen ein, einem alten Bauernhaus zwischen Leienbergstraße und Finkenweg mit großem Garten und Gartenterrasse. Mi bis So 10:00 bis 18:00

mehrere Supermärkte, u. a. ein großer Supermarkt (Rewe XL) zwischen Bahnhof und Marktplatz, Im Auel, GPS N 50°46.309' E 007°27.032', Mo bis Sa 7:00-22:00

mehrere (4) Apotheken in der Ortsmitte

St. Franziskus-Krankenhaus Eitorf, Hospitalstraße 7, ☏ 022 43/88 10, www.krankenhaus-eitorf.de

Für eine Abkühlung bietet sich das Hermann-Weber-Bad, Am Eichelkamp 14 an, eine Badelandschaft, die sich vor allem an Familien und Kinder richtet, u. a. mit Strömungskanal, Sprudelliegen und einer 60 m langen Rutsche. ☏ 022 43 /92 30 50, www.freizeitbad-eitorf.de, ganzjährig

Bahnhof für S-Bahn und Regionalbahn. Es gibt stündliche Verbindungen für die folgenden Linien:

♦ Richtung Siegen: stündlich um 59 nach mit RE9 sowie 18 nach mit S12 bis Au

♦ Richtung Köln: stündlich um 00 mit RE9 sowie um 39 nach mit S12

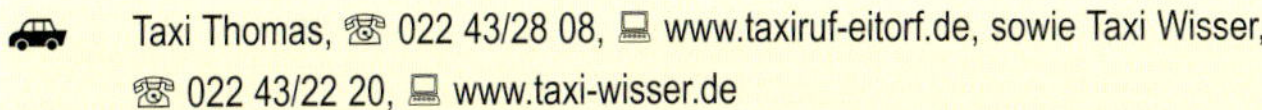

Taxi Thomas, ☏ 022 43/28 08, www.taxiruf-eitorf.de, sowie Taxi Wisser, ☏ 022 43/22 20, www.taxi-wisser.de

Ruhe liebende Wanderer meiden Eitorf besser am vierten Wochenende im September, wenn von Sa bis Di die traditionelle Eitorfer Kirmes als größte Kirmes im Rhein-Sieg-Kreis stattfindet.

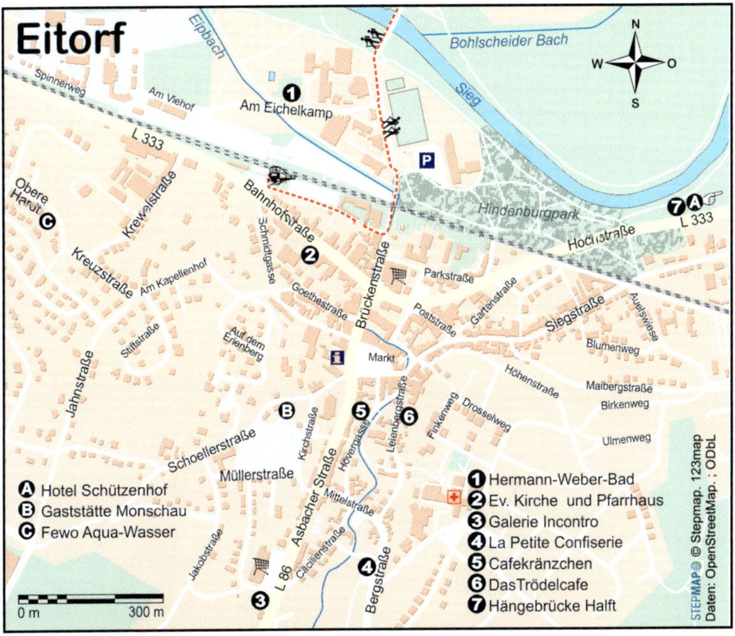

Eitorf

Ⓐ Hotel Schützenhof
Ⓑ Gaststätte Monschau
Ⓒ Fewo Aqua-Wasser

❶ Hermann-Weber-Bad
❷ Ev. Kirche und Pfarrhaus
❸ Galerie Incontro
❹ La Petite Confiserie
❺ Cafekränzchen
❻ DasTrödelcafe
❼ Hängebrücke Halft

0 m 300 m

STEPMAP © Stepmap. 123map
Daten: OpenStreetMap.: ODbL

Die Gemeinde Eitorf (18.600 Ew.) wurde erstmals im Jahr 1144 urkundlich erwähnt und erhielt im 16. Jh. als Sitz eines Landgerichts größere Bedeutung. Kulturelles Highlight ist der Skulpturengarten (zu erreichen über die Galerie Incontro, ☞ unten).

Die Wirtschaft war/ist zufällig von vielen Unternehmen geprägt, die aus ethischer Sicht nicht zu Glanzlichtern gehören: Früher waren es die Spirituosenfabrik Ernst Bötticher (bis 1913), die Zigarrenfabriken Phillipps und Kayser sowie eine Bierbrauerei. Heute hat mit WECO einer der größten Feuerwerkshersteller seinen Sitz in Eitorf.

⌘ Die **Galerie Incontro** in der Schümmerichstraße 1 (neben Aldi) zeigt in einer ehemaligen Zigarrenfabrik auf drei Etagen wechselnde Ausstellungen. Die Galerie wurde 1991 von Carmen Clea Vetere gegründet, der Tochter des Bildhauers Giovanni Vetere, dessen 11.000 m² großer **Skulpturengarten** auf Anfrage ebenfalls besichtigt werden kann.

Giovanni Vetere ist ein aus Kalabrien stammender Bildhauer und Maler (geboren 1940), der nach 40-jähriger Schaffenszeit internationale Bekanntheit erlangt hat (💻 www.giovanni-vetere.de).

♦ Infos zu Ausstellungen und den Öffnungszeiten gibt es vor Ort und im Internet: 💻 www.galerie-incontro.de, zur Besichtigung des Skulpturengartens kann man sich telefonisch anmelden: ☏ 022 43/84 00 86.

Das alte evangelische Pfarrhaus in der Bahnhofstraße 17 ist eher eine natürliche als architektonische Besonderheit: Dort siedelt eine große, 200 Individuen zählende Population der Großen Mausohrfledermaus, mit einer Flügelspannweite von 40 cm die größte heimische Fledermausart.

Kirche von Eitorf

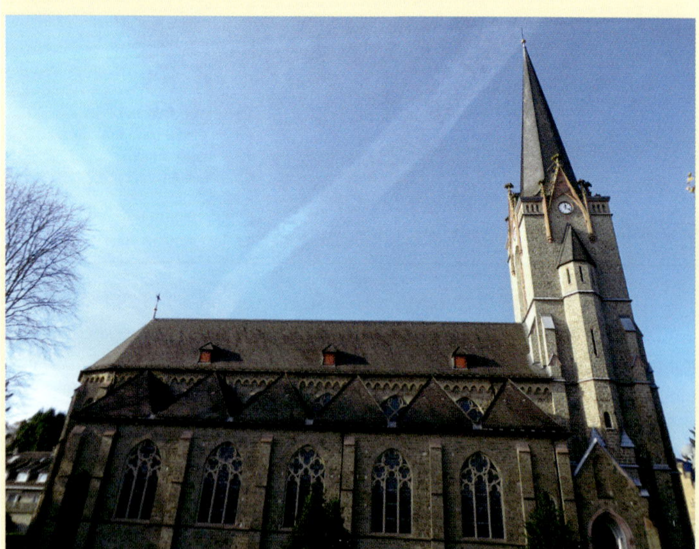

✞ Die dazugehörige evangelische Kirche in der Bahnhofstraße wurde 1862/63 im neogotischen Stil errichtet. Die Inneneinrichtung wurde nach einem Brand 2002 von dem heimischen Künstler Givanni Vetere neu gestaltet.

Eine Kuriosität in Eitorf ist die **Hängebrücke Halft**, die 1,5 km östlich vom Zentrum über die Sieg führt. Die Brücke wurde 1946 in Eigeninitiative von Anliegern selbst erbaut. Die Drahtseile sollen von einer alten Seilbahn „recycelt" worden sein.

Etappe 5: Abzweig nach Eitorf – Abzweig nach Herchen

➲ 15,4 km, ⌛ 5 Std., ↑ 480 m, ↓ 550 m, ⇧ 115-260 m

0,0 km	⇧ 210 m	Abzweig nach/von Eitorf (➲ 2,4 km ⌘ ✞)
0,6 km	⇧ 220 m	Oberbohlscheid-Schule
2,1 km	⇧ 260 m	Abstecher zum Hotel Steffens (➲ 1,3 km)
4,2 km	⇧ 175 m	Bushaltestelle Lüttershausen Abzw.
7,1 km	⇧ 210 m	Abstecher zum Landhaus Höhe (➲ 1,8 km)
14,0 km	⇧ 180 m	Obsthof Appelhof
15,4 km	⇧ 135 m	Abzweig nach Herchen (➲ 0,3 km BB)

Diese Etappe führt abseits von Orten über die Südhänge des Höhenrückens Nutscheid. Sie wandern durch die engen Täler des „Windecker Ländchens", eines beliebten Erholungsgebietes im Bergischen Land. Zwischen den bis zu 378 m hohen, bewaldeten Bergkuppen liegen über 100 kleine Siedlungen. Die Sieg durchfließt das Windecker Ländchen in gewundenen Schleifen auf einer Länge von 35 km. Zielort der Etappe ist Herchen mit der Pfarrkirche St. Peter.

Zubringer von Eitorf zum Natursteig Sieg (➲ 2,4 km)

Sie verlassen den Bahnhof Eitorf über die Nordseite und folgen der Brückenstraße nordwärts links vorbei am Sportplatz. Kurz darauf queren Sie die Sieg und die Kelterser Straße und folgen geradeaus dem Pfad aufwärts. Nach 150 m halten Sie sich bei einer Gabelung links und folgen dem Zubringer aufwärts durch Wald. Bei folgenden Wegkreuzungen geht es weiter geradeaus aufwärts, bis Sie nach insgesamt

2,1 km eine Straße erreichen (Denkmalstraße), der Sie links aufwärts folgen. Nach 300 m ist der Natursteig Sieg erreicht; nach rechts geht es Richtung Herchen.

Bei der Abzweigung nach Eitorf (0 km, ⇧ 210 m, GPS N 50°47.314' E 007°27.157') folgen Sie dem Natursteig Sieg nordwärts entlang der Denkmalstraße Richtung Oberbohlscheid/Herchen.

Nach 200 m erreichen Sie einen Rastplatz vor einem Kriegsdenkmal.

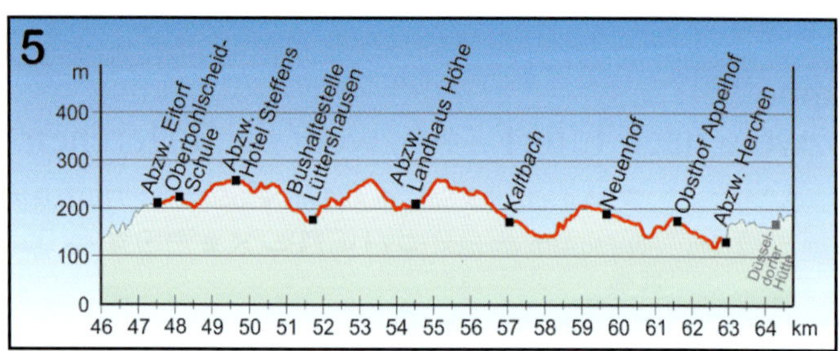

Vor dem Rastplatz folgen Sie dem Natursteig Sieg nach links. Er macht hier einen kurzen (westlichen) Linksbogen, um kurz darauf vor der Bushaltestelle Oberbohlscheid-Schule die Straße rechts (ostwärts) zu verlassen (km 0,6).

Bushaltestelle Oberbohlscheid-Schule mit Verbindungen der Linie 533 nach/von Eitorf: Mo bis Fr mindestens alle 2 Std. ab 6:24, zu Stoßzeiten weitere Verbindungen, Sa alle 2 Std. ab 8:24 und So ab 10:24. Fast alle Verbindungen (außer zu Stoßzeiten) nur mit Voranmeldung (mind. 30 Min. vorher), ☏ 022 41/49 99 99!

fewo Fewo Wettstädt, Denkmalstr. 103, ☏ 022 43/812 43, 01 63/785 16 07, www.fewo-eitorf.de, mehrere Ferienwohnungen an der Hauptstraße 200 m nördlich von deren Querung. Ferienwohnung für bis zu 4 Personen ab € 65 inkl. aller Nebenkosten. Über Feiertage und in Ferien ist die Mindestaufenthaltsdauer 1 Woche!

Weiter geht es durch Wald und in Kurven abwärts in ein Bachtal, links vorbei an einem Fischteich (km 1,1, ⇧ 205 m). Nach erneutem Anstieg und einer scharfen Linkskurve erreichen Sie einen Parkplatz beim Begräbniswald Witorf (km 2,1, ⇧ 265 m).

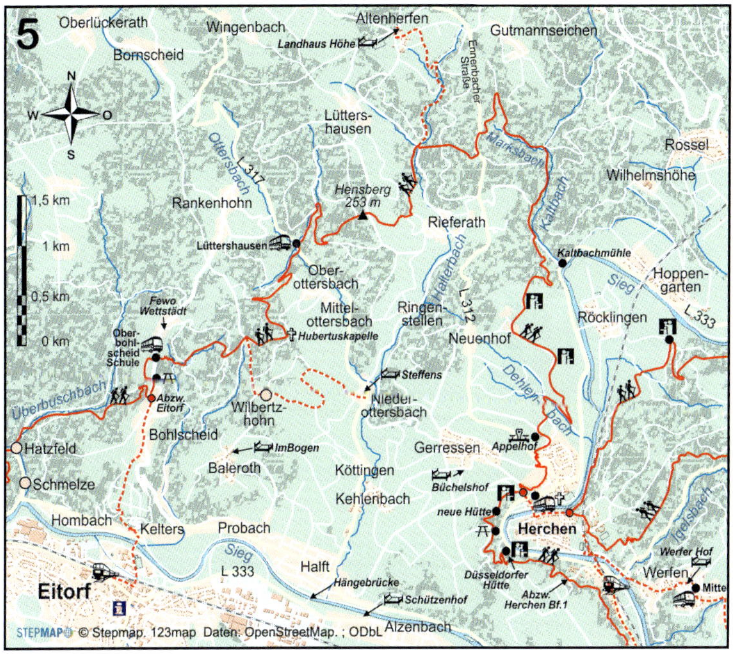

Abstecher zum Landhotel-Restaurant Steffens (➲ 1,3 km)

Sie gehen auf der Straße (südwärts) bis zu einer Gabelung (nach 5 Min.), wo Sie sich links halten (Zum Holenbaum). Diesem Fahrweg folgen Sie in Serpentinen abwärts, bis Sie nach etwa 15 Min. eine Kreuzung mit dem Landhotel Steffens erreichen:

Landhotel Steffens, Ottersbachtalstraße 15, ☎ 022 43/919 40, info@landhotel-steffen.de, www.hotel-restaurant-steffens.de, kleines ***Hotel mit 15 Zimmern am Waldrand, 4 km vom Bf. Eitorf und 1,5 km vom Natursteig Sieg, GPS N 50°47.389' E 007°29.060', freies WLAN, DZ ab € 65

☞ Anzeige Seite 82

Zurück zum Natursteig Sieg geht es auf demselben Weg, oder Sie wandern von dort auf kleinen Straßen bzw. Wegen südöstlich zum Zielort Herchen (etwa 2 km).

Nach dem Queren der Landstraße wandern Sie weiter ostwärts durch Wald, um nach 400 m vor der Hubertuskapelle links abzubiegen. Abwechselnd durch Wald und über offene Hochebene gelangen Sie schließlich nach einem Abstieg durch Wald zur Landstraße 317 nördlich von Oberottersbach (km 4,2, ⇧ 175 m), der Sie 50 m nach links folgen.

 Bushaltestelle Lüttershausen Abzw. 100 m weiter geradeaus auf der Landstraße 317. Von dort Verbindungen der Linie 533 nach/von Eitorf: Mo bis Fr mindestens alle 2 Std. ab 6:18, zu Stoßzeiten weitere Verbindungen, Sa alle 2 Std. ab 8:18 und So ab 10:18. ☝ Fast alle Verbindungen (außer zu Stoßzeiten) nur mit Voranmeldung (mind. 30 Min. vorher), ☏ 022 41/49 99 99!

Nach 50 m auf der Straße folgen Sie dem Natursteig Sieg nach rechts wieder aufwärts durch Wald, über den 253 m hohen Hensberg. Auf der freien Fläche vor Rieferath, 500 m nach der Kreuzung mit dem Sieghöhenweg, zweigt der Natursteig Sieg links ab (km 6,4, ⇧ 200 m), um in einem großen Bogen nordwärts um das Dorf Rieferath herum zu führen. Nach 800 m erreichen Sie eine kleine Straße, der Sie rechts für 10 m folgen, um dann links abzubiegen.

Abstecher zum Landhaus Höhe (➲ 1,8 km)

Sie folgen der Straße nicht nach rechts, sondern gehen geradeaus weiter auf dem netten Weg durch das Bachtal, das Sie nach etwa 15 Min. links aufwärts verlassen, um kurz darauf die Siedlung Altenherfen mit dem Landhaus in der Mitte zu erreichen:

Landhaus Höhe (qs), Altenherfen 5, ☎ 022 95/51 46, info@landhaus-hoehe.de, www.landhaus-hoehe.de, Restaurant mit wenigen (4) Zimmern in Windeck-Altenherfen, 1,8 km vom Natursteig Sieg, GPS N 50°49.333' E 007°29.337', DZ ab € 85, Restaurant Mo und Di Ruhetag, Mi und Do ab 17:00, Fr, Sa und So ab 11:00

Nach einer 700 m langen Passage durch Wald des Nutscheids erreichen Sie die Ennenbacher Straße und gehen auf dieser nach links, um nach 200 m dem Natursteig Sieg rechts in den Wald zu folgen, auf kurvenreichem Weg und bald (km 8,6, ⇧ 230 m) in dem urigen Bachtal des Marksbaches und nach knapp 1 km des Kaltbaches.

Nutscheid – früher Raketen, heute Wälder

Der 20 km lange, bewaldete Höhenrücken des Nutscheids bildet die natürliche Grenze zwischen dem Oberbergischen Kreis und dem Rhein-Sieg-Kreis sowie die Wasserscheide zwischen Sieg und Bröl. Wegen der exponierten Lage wurde der Nutscheid mehrfach als Raketenabschussrampe genutzt: im Zweiten Weltkrieg für die deutsche U1 und im Kalten Krieg für amerikanische Patriot-Raketen. Das einst für die Eisenverhüttung großflächig gerodete Gebiet ist inzwischen wieder von Wäldern bewachsen, in denen u.a der Schwarzstorch zu Hause ist.

Der bis 1999 militärisch genutzte höchste Punkt des Nutscheid-Waldrückens steht heute als 5 ha großes Areal „Hohes Wäldchen auf dem Nutscheid“ unter Naturschutz. Durch die militärische Nutzung wurde das Gebiet offen gehalten, sodass sich auf den nährstoffarmen Sandböden schützenswerte Biotoptypen wie die Zwergstrauchheide oder das Magergrünland entwickeln konnten.

Nach 2,2 km (km 10,2, ⇧ 150 m) halten Sie sich bei der T-Kreuzung mit dem Kaltbachweg links und nehmen nach 300 m, 300 m vor der Kaltbachmühle, den rechts abzweigenden Weg, durch Wald, dann aufwärts und über freies Gelände mit schöner Sicht in das Siegtal. Bei einem kleinen Gehöft bei Neuenhof halten Sie sich links (km 12, ⇧ 200 m). Nach 500 m führt Sie der Pfad nach einem netten Aussichtspunkt wieder ein Stück abwärts Richtung Siegtal, ehe es beim Dehlenbach rechts wieder scharf aufwärts geht (km 13,2, ⇧ 140 m) – auf urigem Pfad durch das Bachtal und zuletzt auf einer Holzbrücke über den Dehlenbach. Schließlich erreicht der Pfad eine Straße, der Sie 150 m zum Obsthof Appelhof folgen (km 14, ⇧ 180 m).

Obsthof Appelhof, Windeck-Herchen, ☎ 022 43/31 42, www.appelhof.de, Verkauf von eigenem Obst und anderen Lebensmitteln, je nach Saison z. B. Erdbeeren, Himbeeren, Pflaumen, Äpfel, Birnen, Obstladen Mo bis Fr 9:30 bis 12:30 und 14:00 bis 18:00, Sa 9:00 bis 13:00

Mit der Nase zum Obsthof stehend folgen Sie links der Straße Zum Appelhof in südöstliche Richtung, halten sich nach 150 m rechts, queren nach kurvenreichem Abstieg die Ennenbacher Straße und halten sich nach 70 m vor dem Friedhof scharf links. Sie wandern abwärts und nach 400 m rechts über die Straße In der Raubach, um nach 130 m den Weg scharf links abwärts Richtung Herchen zu nehmen. Nach 70 m stehen Sie beim alten Turm auf einem Kamm oberhalb von Herchen, dem Ende dieser Etappe, wo Sie auf den Künstlerweg stoßen (km 15,3, ⇧ 135 m, GPS N 50°46.850' E 007°30.451'). Der Hügelrücken gilt als „unbe-

Thingplatz

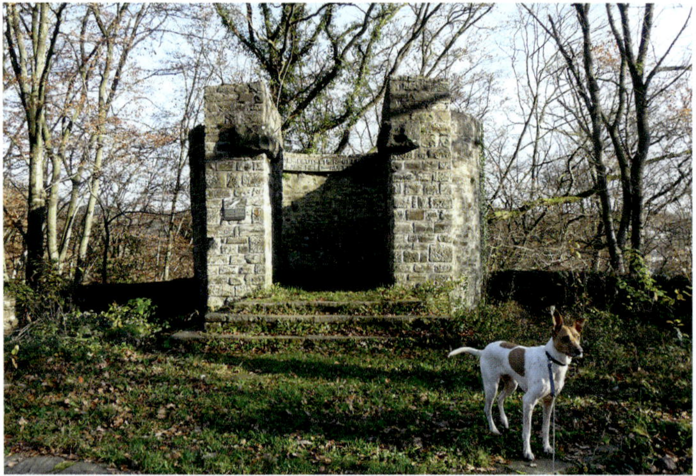

quemes Denkmal“ (Infotafel), weil der ehemalige Thingplatz 1934 von den Nazis als theaterähnlicher Versammlungsort gestaltet wurde.

Der Zubringer nach Herchen führt geradeaus abwärts durch Wald in den Ort und der Natursteig Sieg rechts weiter aufwärts (Herchen Bf.), zur nächsten Etappe.

↳ Abstieg hinunter nach Herchen-Kurpark (➲ 0,3 km) und Herchen Bf.

Sie folgen dem Pfad geradeaus abwärts durch Wald (Herchen Bf.) und erreichen Herchen bei einer Straße mit davor den „Hercher Kanonen“: zwei französischen Kanonen aus dem Deutsch-Französischen Krieg 1870/71, die ursprünglich auf dem Kölner Heumarkt standen. Zum Kurpark und Bahnhof geht es geradeaus (In der Au) auf die Sieg zu, zur Kirche und zu den Läden links an der Straße entlang.

Hercher Kanonen

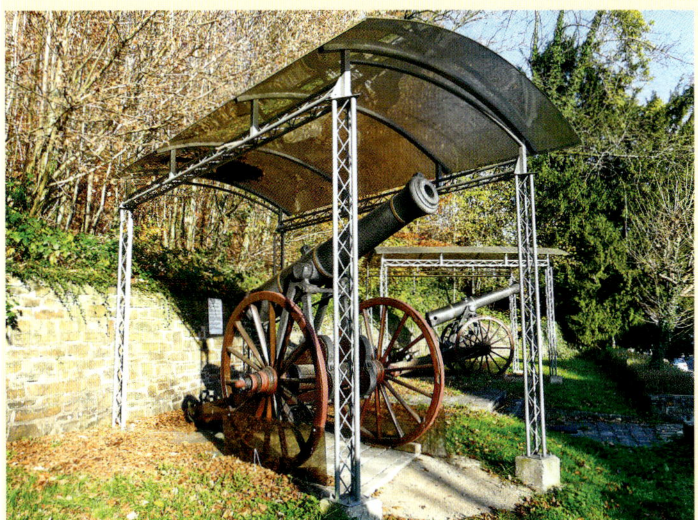

Herchen

BB

Parkhotel Löwenburg, In der Au 7, ☏ 022 43/25 25, kleines Hotel mit 10 Zimmern und Café-Restaurant direkt an der Sieg, 200 m vom Natursteig Sieg, GPS N 50°46.788' E 007°30.522', DZ ab € 55. Das Hotel ist nach dem ehemaligen

Herchener Arzt Dr. Fritz Löwe benannt, der hier um die Jahrhundertwende ein Erholungsheim eröffnete. Das Haus hat seine beste Zeit hinter sich.

BB ☕ Kurparkcafé (qs), Am Kurpark, ☎ 022 43/916 52 06, 💻 www.kurparkcafe-herchen.de, Café am Kurpark in einem ehemaligen Kindergarten, das auch einige Zimmer vermietet, GPS N 50°46.772' E 007°30.497', Café Mo, Di, Fr, und Sa 14:00 bis 20:00, So 9:00 bis 20:00, Mi und Do Ruhetag

Bäcker im Ort an der Hauptstraße

Siegtal-Apotheke, Siegtalstraße 34, ☎ 022 43/25 03

Die Bushaltestelle Herchen-In der Au rechts von den Kanonen wird von der Buslinie 579 bedient, mit folgenden Verbindungen:

♦ nach Schladern bzw. Rosbach über Dattenfeld (Talseite) Mo bis Fr stündlich um 30 nach bis Rosbach, Sa ab 7:30 und So ab 9:30 alle 2 Std. nur bis Schladern Bf.

♦ nach Eitorf (Bergseite) Mo bis Fr stündlich um 44 nach, Sa und So alle 2 Std. ab 8:44

alle Verbindungen sonntags sowie samstagabends nur mit Voranmeldung (mind. 30 Min. vorher), ☎ 022 41/49 99 99

Bahnhof für S-Bahn und Regionalbahn. Es gibt stündliche Verbindungen für die folgenden Linien:

♦ Richtung Siegen: stündlich um 55 nach mit RE9 sowie 34 nach mit S12 bis Au

♦ Richtung Köln: stündlich um 49 nach mit RE9 sowie um 27 nach mit S12

Der Kurpark an der Sieg lässt erahnen, dass die beste Zeit Herchens schon etwas zurückliegt: Um die vorletzte Jahrhundertwende (1900), in der *Belle Époque*, war Herchen eine beliebte Sommerfrische und wurde schon 1883 vom Baedeker-Reiseführer als „schönster Luftkurort des Siegkreises" gepriesen. Im Jahr 1906 zählte Herchen 16 Beherbergungsbetriebe mit 256 Betten, deutlich mehr als heute. Das um 1913 erbaute Hotel „Herchener Hof" galt seinerzeit als eines der modernsten deutschen Hotels, das nach einem Intermezzo als Kindererholungsheim, Pension, Sozial- und Altenzentrum seit 1998 als „Haus am Park" Senioren und Pflegebedürftige beherbergt. Der große ehemalige Hotelgarten bildet heute den Kurpark. Seit 1986 ist Herchen mit seinen 1.060 Einwohnern ein staatlich anerkannter Erholungsort.

✞ Die Kirche St. Peter wurde erstmals im 12. Jh. erwähnt. Das jetzige dreischiffige Gebäude ist jünger und bietet ein Sammelsurium architektonischer Stilrichtungen: romanischer Westturm und romanisches Mittelschiff, spätgotischer

Chor, Barocktür. Seit 1764 wird das Mittelschiff von einem Turmreiter gekrönt. Unter der Kirche liegen vermutlich Reste eines im 13. Jh. erbauten Zisterzienserklosters, das im 16. Jh. infolge einer Pestepidemie unter den Nonnen geschlossen wurde.

Etappe 6: Schleife bei Herchen

➲ *19,5 km, ⌛ 6 Std., ↑ 850 m, ↓ 855 m, ⇧ 100-340 m*

0,0 km	⇧ 135 m	Abzweig nach/von Herchen (➲ 0,3 km **BB**)
1,4 km	⇧ 150 m	Düsseldorfer Hütte
3,5 km	⇧ 145 m	Abzweig nach/von Herchen Bf. (➲ 0,7 km)
4,7 km	⇧ 100 m	Stromberg **fewo**
8,8 km	⇧ 300 m	Ringwallanlage
9,5 km	⇧ 335 m	Abstecher zum Basaltkrater (➲ 2 x 1,5 km)
11,3 km	⇧ 260 m	Abkürzung nach Herchen via Werfen (➲ 2,6 km)
13,1 km	⇧ 310 m	Abstecher nach Leuscheid (➲ 0,3 km ✝)
16,2 km	⇧ 210 m	Schutzhütte Heilbrunnen
19,5 km	⇧ 125 m	Herchen (➲ 0,5 km **BB**)

Diese Etappe führt in einer großen Schleife südlich um Herchen herum und ist eine Rundwanderung, die es in sich hat. Auf Pfaden erleben Sie eine beeindruckende Landschaft mit dem Naturschutzgebiet Leuscheid, unterbrochen von Quellen sowie Ringwällen. Wer es eilig hat mit dem Natursteig Sieg, kann auf diese Etappe verzichten, die in Herchen beginnt und endet, aber durchaus lohnend ist!

Die Etappe beginnt oberhalb des Kurparks bzw. der „Herchen Kanonen" (0 km, ⇧ 135 m, GPS N 50°46.850' E 007°30.451'), optional auch ab Bahnhof (☞ unten).

Zuweg hinauf von Herchen-Kurpark (➲ 0,3 km)

Sie verlassen den Kurpark Richtung Norden, die Sieg im Rücken, queren die Landstraße und folgen dem Zubringerweg links an den „Herchen Kanonen" aus der napoleonischen Zeit vorbei aufwärts durch Wald, um 180 m nach der Straße den Natursteig Sieg zu erreichen, dem Sie links folgen.

Die Etappe beginnt mit einem Paukenschlag: Sie wandern zunächst westlich oberhalb der Siegschleife von Herchen flussabwärts, d.h. in südliche Richtung. Dabei bieten sich von einigen freigeschlagenen Lichtungen schöne Ausblicke auf das Siegtal.

Oberhalb von Herchen

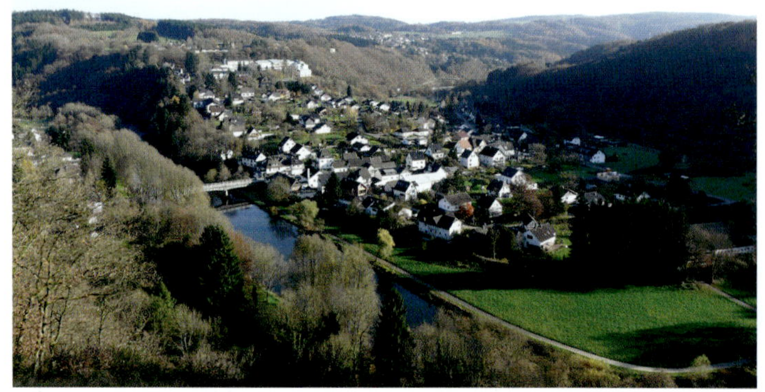

toller Blick von neuer, runder Holzhütte (km 0,3, ⇧ 180 m)

Nach 300 m halten Sie sich bei einer Gabelung mit ⩲ Tisch und Bank links. Der Pfad führt an einem bewaldeten, teilweise sehr steilen Hang entlang, wobei ein Mindestmaß an Trittsicherheit hilfreich ist. 700 m nach der Gabelung lohnt sich in einer scharfen Rechtskurve ein kurzer Abstecher (50 m) zu folgendem Aussichtspunkt (km 1,4, ⇧ 150 m, GPS N 50°46.548' E 007°30.283'):

Düsseldorfer Hütte, kleiner, runder Holzpavillon 20 m links vom Natursteig Sieg mit tollem Blick auf die Siegschleife bei Herchen. Benannt ist die Hütte nach der „Düsseldorfer Schule", einer Gruppe von Malern, die in der 2. Hälfte des 19. Jh. mit ihren (romantischen und realistischen) Bildern vom Siegtal den Tourismus einläutete.

Nach 900 m queren Sie oberhalb einer Schule eine kleine Straße (km 2,3, ⇧ 160 m).

Nach links ist ein Abstecher hinunter zum Bahnhof Herchen möglich (GPS N 50°46.377' E 007°30.851', 10 Min.). Nach 20 Min. passieren Sie einen weiteren Zuweg zum Bahnhof (km 3,5, ⇧ 145 m).

Start ab Herchen Bahnhof

(➲ 0,7 km zum Natursteig Sieg bei km 3,5)

Falls Sie diese Etappe vom Bahnhof beginnen und etwas abkürzen wollen, folgen Sie – den Bahnhof im Rücken – der (Stromberger) Straße links, also in südliche Richtung. Nach 70 Min. gehen Sie auf der kleinen (Wuppertaler) Straße nach rechts und nehmen nach 70 m den Pfad rechts aufwärts, der nach wenigen Minuten den Natursteig Sieg erreicht (bei km 3,5), dem Sie nach links folgen.

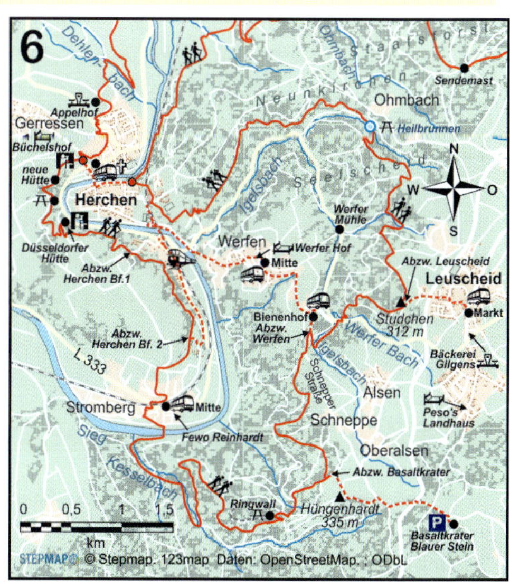

Nach der Querung mehrerer Stromleitungen geht es links abwärts und durch das an einer Südschleife der Sieg liegende Dorf **Stromberg**, wo Sie die Bahnlinie queren (km 4,7, ⇧ 100 m). Zur Linken liegt eine Bushaltestelle:

Haltestelle Stromberg-Mitte, von wo Buslinie 579 mit folgenden Verbindungen verkehrt:

♦ nach Schladern bzw. Rosbach über Herchen und Dattenfeld: Mo bis Fr stündlich um 24 nach, Sa ab 7:24 und So ab 9:24 alle 2 Std. nur bis Schladern

♦ nach Eitorf: Mo bis Fr stündlich um 50 nach, Sa ab 6:50 und So ab 8:50 alle 2 Std.

☝ alle Verbindungen sonntags sowie samstagabends nur mit Voranmeldung (mind. 30 Min. vorher), ☏ 022 41/49 99 99

fewo Ferienwohnung Reinhardt, Marlene Reinhardt, Eitorfer Straße 1b, ☏ 022 43/71 49, 80 m² große Ferienwohnung für bis zu 4 Pers., 0,8 km vom Bf. Herchen und 100 m vom Natursteig Sieg, GPS N 50°45.584' E 007°31.205', € 45

Abzweigung bei Stromberg

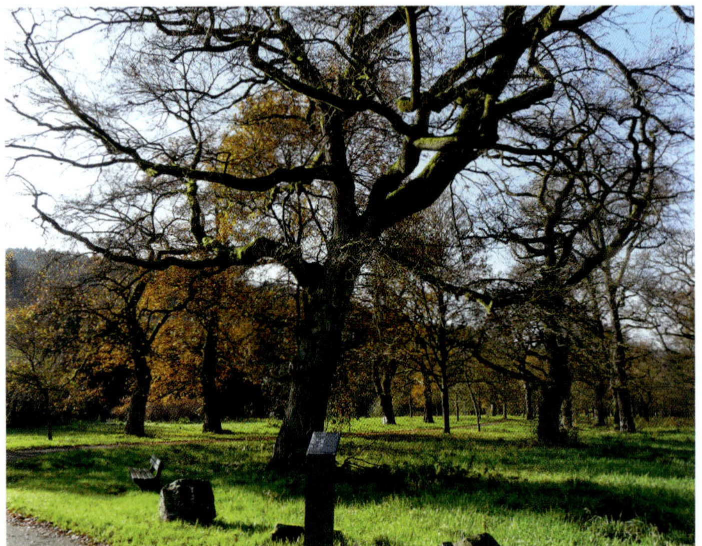

In Stromberg folgen Sie nach Querung der Bahnstrecke rechts dem Dammweg, um kurz darauf zweimal links abzubiegen und schließlich rechts über die Siegbrücke zu wandern. Weiter folgen Sie dem Natursteig Sieg durch die Ringwallstraße und hinein in das schmale Kesselbachtal, das Sie nach 1 km bereits verlassen, um nach der Querung des Baches links auf eine 300 m hohe (bewaldete) Bergkuppe mit Resten einer alten **Ringwallanlage** aufzusteigen (km 8,8, ⇧ 300 m, GPS N 50°45.061' E 007°32.097'):

♜ Der eine Fläche von 8 ha umschließende Ringwall liegt auf einer Kuppe, die auf drei Seiten durch steil abfallendes Gelände natürlichen Schutz bietet. Der nördliche Ringwall war mehrfach gesichert: durch die Hänge zur Sieg, einen den Berg umschließenden Hauptwall sowie zwei vorgelagerte Graben-Wallbefestigun-

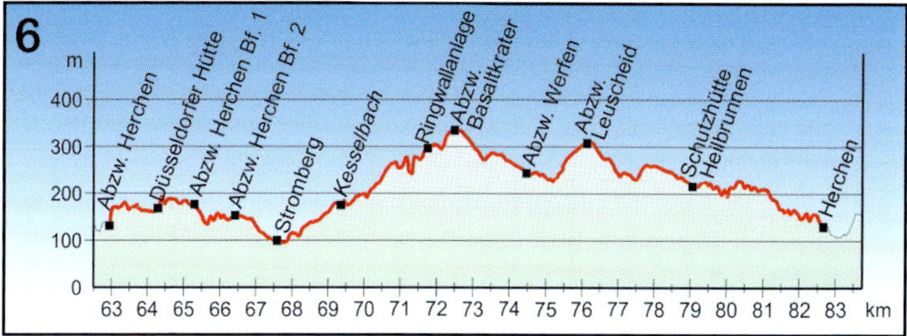

gen. In den Wällen stecken Reste einer Bruchsteinmauer mit einst stützenden Holzbalken sowie Mörtel. Die Ringwallanlage wird auf den Beginn des 9. Jh. datiert, als die Franken das Gebiet östlich des Rheins besiedelten. Vermutlich diente sie der einheimischen Bevölkerung als Fliehburg bei Kriegsgefahr zum Rückzug. Ob die Burg dauerhaft besiedelt war, ist unklar.

⛩ Tisch und Bank bei der Ringwallanlage

❀ Rund um die Ringwallanlage erstreckt sich das **Naturschutzgebiet „Wälder auf dem Leuscheid"**, mit einer Fläche von 1.400 ha eines der größten und zugleich jüngsten Naturschutzgebiete im Kreis Rhein-Sieg. In dem im Jahr 2004 ausgewiesenen Schutzgebiet sind besonders die alten Hainsimsen- und Eichen-Buchenwälder erwähnenswert. Dazu kommen seltene Bruch-, Erlen- und Moorwälder sowie kleinere Biotope, z. B. Trocken- und Feuchtheiden oder Nass- und Magergrünland. Diese Vielfalt bedingt einen beachtlichen Artenreichtum: In dem Naturschutzgebiet wurden 6 Amphibien-, 17 Libellen- sowie 125 Totholz-Käferarten gezählt. Ziel ist eine naturnahe Waldbewirtschaftung mit weniger Nadelholz (bisher 60 % Anteil) und mehr Totholz.

💻 www.naturschutzinformationen-nrw.de/nsg/de/fachinfo/gebiete/gesamt/SU_079

Den Ringwall verlassen Sie nach rechts (ostwärts), um gleich darauf dem Natursteig Sieg nach links und kurz darauf weiter aufwärts durch Wald zu folgen, bis Sie nach 600 m am Waldrand den höchsten Punkt der heutigen Tour erreichen, nahe dem 335 m hohen Hüngenhardt (km 9,5, ⇧ 335 m, GPS N 50°45.241' E 007°32.482'). Geradeaus führt ein Abstecher zum Basaltkrater, während der Natursteig Sieg links abzweigt.

➥ Abstecher zum Basaltkrater „Blauer Stein"

(➲ 2 x 1,5 km)

Der Abstecher führt Sie zunächst ein kleines Stück geradeaus, dann nach rechts über die Lichtung, ehe es links und am Waldrand in östliche Richtung geht. Nach 10 Min. folgen Sie dem Sträßchen (Am Gräb) nach rechts Richtung Kuchhausen und queren die Landstraße und eine Stromleitung, um nach einem Parkplatz am Waldrand den Basaltkrater „Blauer Stein" zu erreichen. Zurück geht es auf demselben Weg.

Der „Blaue Stein" ist ein Basaltkrater, dessen eckige und teilweise meterhohe Basaltsäulen durch vulkanische Tätigkeit entstanden. Das Gestein wurde bis etwa 1900 von der Linzer Basalt AG als Material für Straßenbau abgebaut.

Sie folgen dem Natursteig Sieg nordwärts durch Wald. Nach 1,8 km, kurz nach der Querung von Stromleitungen (denselben wie kurz vor Stromberg), erreichen Sie die Schnepper Straße (km 11,3, ⇧ 260 m) und folgen dieser nach links nordwärts Richtung Werfen und nach 50 m dem scharf rechts abzweigenden Natursteig Sieg.

➥ Abkürzung zurück nach Herchen via Werfen oder Bus

(➲ bis Werfen 1,1 km, bis Herchen 2,5 km)

Sie können hier die heutige Etappe abkürzen, indem Sie der Schnepper Straße geradeaus folgen und sich kurz darauf bei der Kreuzung links halten, vorbei an einer Bushaltestelle.

🚌 Haltestelle Werfen Bienenhof, wo Buslinie 572 nach Herchen fährt: Mo bis Fr stündlich um 41 nach, Sa und So alle 2 Std. ab 8:41, ✋ alle Verbindungen nur mit Voranmeldung (mind. 30 Min. vorher), ☎ 022 41/49 99 99

Nach 1,1 km erreichen Sie Werfen mit einer Bushaltestelle und Übernachtungsgelegenheit.

🚌 Haltestelle Werfen Mitte, Details zu Busverbindungen ☞ oben bei Werfen Bienenhof (aber 2 Min. später)

Bei der Kreuzung an der Bushaltestelle folgen Sie der Straße (Zum Werferstein) nach links und passieren eine Einkehrgelegenheit:

🛏 ✕ Werfer Hof, Zum Werferstein 57, ☎ 022 43/25 66, einfacher Gasthof mit Fewo und DZ in der Ortsmitte, GPS N 50°46.362' E 007°31.868', DZ ab € 40

Sie gehen geradeaus weiter abwärts, nach 100 m auf einem für Verkehr gesperrten Weg und nach 100 m wieder auf Straße. Nach 600 m ab Werfer Hof erreichen Sie die Sieg und wandern dort am Siegufer entlang in den Ort Herchen oder vorher nach links Richtung Bahnhof.

Der Natursteig Sieg führt Sie nach der rechten Abzweigung auf einen Forstweg, dem Sie für wenige Meter folgen, um dann links auf einem netten Pfad durch ein Bachtal zu wandern. Kurz darauf queren Sie die Hauptstraße sowie den Werfer Bach. Nach stetigem Anstieg durch Wald erreichen Sie westlich von Leuscheid am 312 m hohen Berg Studchen eine Gabelung (km 13,1, ⇧ 310 m).

Abstecher nach Leuscheid zu Unterkunft bzw. Einkehrgelegenheit (➲ 0,5 km)

Wenn Sie bei der Gabelung der Straße geradeaus folgen, erreichen Sie nach 200 m die Hauptstraße und kurz dahinter Leuscheid mit Übernachtungs- sowie Einkehrgelegenheit und Bäckerei.

🛏 ✕ PeSo´s Landhaus, Weyerbuscher Straße 46, ☎ 022 92/30 26, ✉ pesos-landhaus@gmx.de, 💻 www.pesos-landhaus.de, einfaches Gasthaus mit 7 Zimmern am Südrand von Leuscheid, 1 km vom Natursteig Sieg, GPS N 50°45.608' E 007°33.619', DZ ab € 35, 🚪 Restaurant Mo bis Fr 12:00 bis 1:00, Sa und So 10:00 bis 1:00

☕ Filiale der Bäckerei-Konditorei Gilgens, Saaler Straße 6, ☎ 022 92/95 93 33, 100 m südlich vom Markt, 🚪 Mo bis Fr 7:00 bis 18:00, Sa 7:00 bis 13:00, So 8:00 bis 17:00. Die einzige verbliebene Einkaufsgelegenheit für Lebensmittel in Leuscheid, nachdem der Tante-Emma-Laden vor einigen Jahren geschlossen hat. Hier gibt es auch kleine Snacks und (Fair-Trade-)Kaffee.

🚌 Haltestelle Leuscheid Markt mit folgenden Verbindungen:

♦ nach Herchen mit Linie 572: Mo bis Fr stündlich um 41 nach, Sa und So alle 2 Std. ab 8:41. ✋ Alle Verbindungen nur mit Voranmeldung (mind. 30 Min. vorher), ☎ 022 41/49 99 99!

♦ Richtung Waldbröl, u. a. über Schladern und Rosbach, mit Linie 343: täglich mindestens alle 2 Std. (ab etwa 11:29). ✋ Fast alle Fahrten erfordern eine telefonische Voranmeldung (mind. 60 Min. vorher), ☎ 022 61/91 12 71!

✞ Die dreischiffige Kirche geht auf das 12. Jh. zurück und wurde dabei in einer Urkunde von 1131 erwähnt, in der Leuscheid als *Liuuenskeit* auftaucht.

Bei der Gabelung folgen Sie links dem Natursteig Sieg am Waldrand über das Studchen und dann wieder abwärts, um ein Bachtal zu queren. Bald darauf wandern Sie wieder aufwärts durch Wald und erreichen nach einem weiteren Abstieg einen Rastplatz mit einer Schutzhütte und Quelle (km 16,2, ⇧ 210 m, GPS N 50 47.061' E 007°32.787').

Schutzhütte, Tisch und Bank. Dem Wasser der Quelle wird eine heilende Wirkung nachgesagt, daher der Name **Heilbrunnen**. Einer Sage zufolge soll hier eine erblindete adelige Tochter nach dem Genuss des Wassers ihre Sehkraft wiedererlangt haben. Die angeblich daraufhin auf Initiative der Äbtissin des Klosters Herchen eingefasste Quelle fließt in den Ohmbach, der hinter der Werfermühle in den Igelsbach mündet (und dieser wiederum vor Herchen in die Sieg).

Im weiteren Verlauf schlängelt sich der Natursteig Sieg durch Wald oberhalb des Igelbachs, um beim Sportplatz von Herchen wieder die Zivilisation zu erreichen. Falls Sie die Etappe beim Bahnhof Herchen beenden wollen, halten Sie sich 100 m nach dem Sportplatz links und folgen dem Fußweg zum Bahnhof neben den Gleisen (800 m). Andernfalls halten Sie sich nach dem Sportplatz rechts, wandern vorbei am Bodelschwingh-Gymnasium und unter den Bahngleisen hindurch in die Ortsmitte (km 19,5, ⇧ 125 m).

Etappe 7: Herchen – Altwindeck

		⮎ *15,7 km, ⌛ 5 Std., ↑ 620 m, ↓ 600 m, ⇧ 105-275 m*
0,0 km	⇧ 125 m	Herchen (⮎ 0,5 km BB)
6,0 km	⇧ 165 m	Camping Dattenfeld
6,5 km	⇧ 115 m	Abzweig von/nach Dattenfeld (⮎ 0,2 km fewo ✞)
9,9 km	⇧ 145 m	Abkürzung nach Dreisel ohne Schleife (⮎ 0,3 statt 3,9 km)
12,7 km	⇧ 160 m	Aussicht „Umlaufberg" über Siegschleife
13,4 km	⇧ 115 m	Dreisel
15,7 km	⇧ 140 m	Altwindeck ✞ ⌘ und Abstecher nach Schladern (⮎ 1,5 km)

Diese Etapppe ist sehr schön, stellt aber hohe Anforderungen: Die Höhenmeter sind beachtlich und die Pfade erfordern öfter ein Mindestmaß an Trittsicherheit. Es gibt aber auch geruhsame Streckenabschnitte, etwa entlang der unter Naturschutz stehenden alten Siegschleife bei Dreisel. Am Schluss bietet sich ein Umweg über die Burg Windeck an – falls diese nicht morgen auf dem Programm steht –, ehe es in Schleifen hinunter zum Bahnhof im Siegtal geht.

Der Natursteig Sieg verlässt Herchen nordwärts auf der östlichen Seite der Sieg, zunächst auf dem sogenannten Philosophenweg neben der Bahnlinie, die

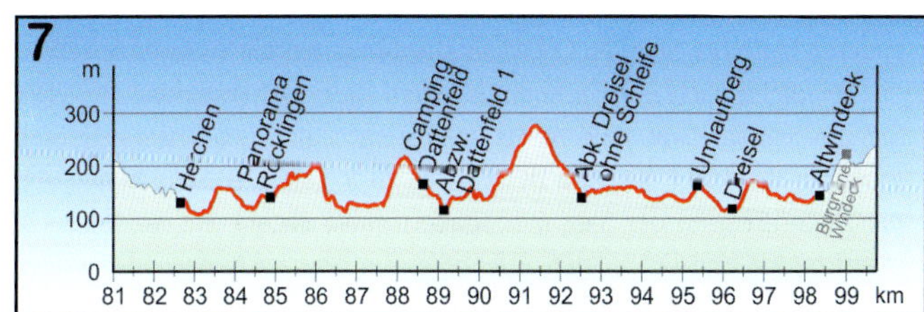

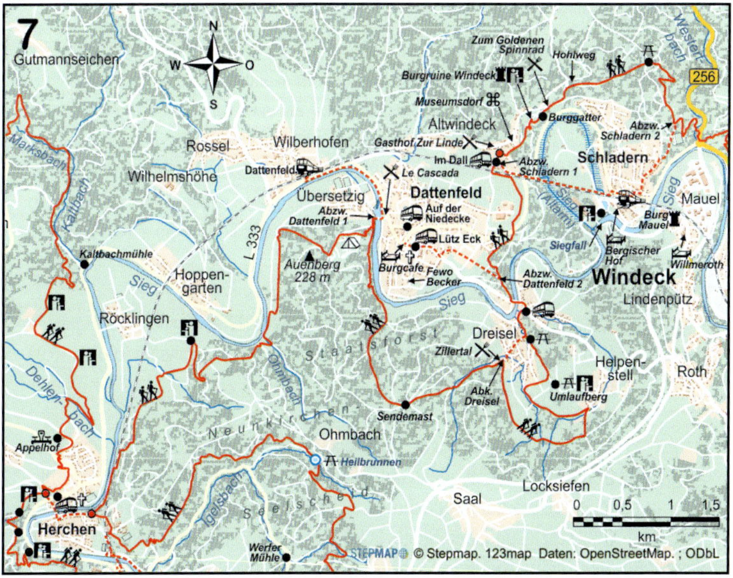

300 m nach dem Bebauungsende von Herchen unterquert wird. 200 m nach der Bahnunterführung entfernt sich der Natursteig Sieg von der Bahnlinie und führt etwas aufwärts durch Wald und Wiesen zu einem schönen Aussichtspunkt (km 2,2, ⇧ 140 m)

schöner Ausblick oberhalb von Röcklingen

Beim Aussichtspunkt folgen Sie dem Natursteig Sieg rechts aufwärts in den Wald hinein. Nach 1,2 km im Wald führt Sie links ein Pfad recht steil hinunter in das Siegtal, wo Sie einen Bach queren (km 3,8, ⇧ 145 m). Links liegt auf der anderen Seite der Sieg die Ortschaft Hoppengarten mit einer Badestelle.

Sie folgen nach der Bachquerung dem Weg nach links und für 200 m am Siegufer entlang, um dann rechts aufzusteigen und dem Natursteig Sieg nordwärts am Waldrand oberhalb des Flusses zu folgen. Der Steig nimmt aber nicht die ganze Schleife der Sieg mit, sondern führt nach 1 km wieder nach rechts aufwärts, auf den bewaldeten Auenberg, um dort nach einem Linksknick durch Wald Richtung Dattenfeld abzusteigen, vorbei an einem Campingplatz (km 6, ⇧ 165 m):

Campingplatz Dattenfeld, Zum Hochkreuz 5, ☎ 022 92/928 57 52, 01 71/740 78 21, info@camping-dattenfeld-sieg.de, www.camping-dattenfeld-sieg.de, Campingplatz auf dem Übersetziger Berg in 220 m Höhe, ruhig gelegen am Ende einer Straße in einem Naturschutzgebiet, oberhalb von der Sieg und Dattenfeld, GPS N 50°48.195' E 007°33.102'. Seit 2011 unter neuer (niederländischer) Führung. Zelt mit 2 Personen ab € 12, Unterkunft in Wohnmobil/Chalet ab € 25, April bis Oktober

Dem Campingplatz angeschlossen ist „Bikers Rast“, www.bikersrast-dattenfeld.de, eine bei Motorradfahrern schon fast legendäre Einkehrgelegenheit. April bis Oktober Fr 11:00 bis 18:00, Sa und So 9:00 bis 18:00, in den Sommerferien täglich

Vorbei am Campingplatz folgen Sie dem Natursteig Sieg abwärts, vorbei an einem schönen Aussichtspunkt mit Blick auf Dattenfeld. Weiter geht es hinunter in das Siegtal, wo der sogenannte „Siegtaldom“ von Dattenfeld aufragt. Vor dem Dorf Übersetzig und der Siegbrücke (km 6,5, ⇧ 115 m) folgen Sie dem Natursteig Sieg rechts weiter auf „Ihrer“ Seite, dem (westlichen) Siegufer.

↳ Abstecher nach Windeck-Dattenfeld (➲ zum Bahnhof 1,4 km, in den Ort 0,2 km)

An der Siegtalbrücke gehen Sie über die Brücke in den Ort. Zu den meisten Einkehr- und Einkaufsgelegenheiten und zum „Siegtaldom" geht es nach rechts, zur Burg (100 m) und zum Bahnhof (1,2 km) nach links. Für den Bahnhof empfiehlt sich der Fußweg direkt am Siegufer statt an der Hauptstraße, kurz hinter dem Bahnhof führt vom Fuß-/Radweg rechts ein Zuweg direkt zum Bahnhof.

Hotel Burgcafé (qs), Hauptstraße 82, ☏ 022 92/91 14 30, service@hotel-burgcafe.de, www.hotel-burgcafe.de, traditionsreiches kleines Hotel in einem Fachwerkhaus in der Ortsmitte zwischen Park und Friedhof, mit Restaurant und Café und dazu Terrasse und Biergarten, 400 m vom Natursteig Sieg, GPS N 50°48.204' E 007°33.604', DZ ab € 80, Restaurant/Café Di bis So ab 12:00, Mo ab 14:00

fewo Ferienhäuser Becker, Schlehdornweg 3, ☏ 022 92/33 20, info@ferien-in-windeck.de, www.ferien-in-windeck.de, 2 Ferienhäuser von jeweils 50 m², 1,2 km vom Bahnhof und 1 km vom Natursteig Sieg, GPS N 50°47.982' E 007°33.641', € 45

La Cascada, ☏ 022 92/34 80, www.lacascada.de, Restaurant mit Biergarten nahe am Wasserfall und Bahnhof, GPS N 50°48.329' E 007°33.456'. Geboten werden italienische, argentinische und spanische Spezialitäten, allerdings nur abends: Di bis So 17:00 bis 23:00.

Becker's Blumencafé in der Hauptstraße 120 nahe dem Bahnhof ist ein Blumenladen mit kombiniertem Café und darin urigem Mobiliar. ☏ 022 92/22 18, Do bis Sa sowie Mo und Di 9:00 bis 18:00, So 10:00 bis 18:00

zwei Supermärkte: Rewe, Auf der Niedecke, Mo bis Sa 7:00 bis 20:00, sowie Käthe Piller, Rochusstraße 38. Außerdem gibt es Bäckereien im Ort, etwa in der Windecker Straße 2a und der Hauptstraße 99.

St. Laurentius Apotheke, Auf der Niedecke 4, ☏ 022 92/23 40, Mo bis Sa 8:30 bis 13:00 sowie 14:30 bis 18:30, Mi und Sa allerding nicht nachmittags

Bushaltestelle Lütz Eck im Zentrum nahe der Kirche (GPS N 50°48.182' E 007°33.620') mit Verbindungen der Linie 579:

♦ nach Schladern bzw. Rosbach: Mo bis Fr stündlich nach Rosbach um 47 nach, Sa ab 7:47 und So ab 9:47 alle 2 Std. nur bis Schladern

♦ nach Eitorf über Dattenfeld und Herchen: Mo bis Fr stündlich um 33 nach, Sa ab 6:33 und So ab 8:33 alle 2 Std.

alle Verbindungen sonntags sowie samstagabends nur mit Voranmeldung (mind. 30 Min. vorher), ☏ 022 41/49 99 99

 Bahnhof für S-Bahn (S12): stündlich um 30 nach bis Köln sowie um 27 nach bis Au

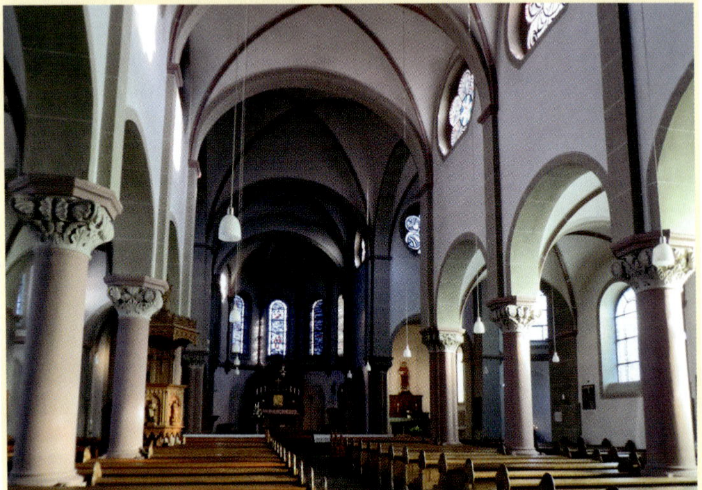

Siegtaldom

Die „**Siegtaldom**" genannte dreischiffige Pfarrkirche St. Laurentius ist die dritte an dieser Stelle erbaute Kirche. Sie wurde im 19. Jh. aus Bruchstein errichtet, nachdem der romanische Vorgängerbau wegen Baufälligkeit abgerissen worden war. Er war wiederum im 12. Jh. an Stelle einer hölzernen Kirche aus dem 9. Jh. errichtet worden. Lediglich der alte Turm blieb stehen und wurde aufgestockt. Der Siegtaldom mit seinen beiden 56 m hohen Türmen ist die einzige doppeltürmige Kirche im Rhein-Sieg-Kreis. In ihrem Südturm hängt eine 1,2 t schwere Glocke.

Die Burg Dattenfeld ist ein befestigtes Haus, das mit seinen Um- und Erweiterungsbauten wie den Türmchen eher wie ein Herrenhaus ausschaut. Ursprünglich befand sich hier ein feudales Pfarrhaus. Der jetzige quadratische Grundriss geht auf das 17. Jh. zurück. Das in Privatbesitz befindliche Haus kann nicht besichtigt werden, es sei denn, man heiratet hier standesamtlich.

Nach knapp 1 km verlässt der Natursteig Sieg die Sieg (km 7,4, ⇧ 125 m) und steigt rechts als uriger kleiner Pfad aufwärts in den Wald, der zum Staatsforst Neunkirchen-Seelscheid gehört. Nach 200 m halten Sie sich bei einer Abzweigung rechts und ignorieren im Folgenden alle rechts abzweigenden Wege, ehe Sie nach längerem Anstieg einen großen Sendemast erreichen (km 8,8, ⇧ 275 m), wo Sie an der Kreuzung dem Natursteig Sieg geradeaus folgen. Nun geht es wieder abwärts bis zum Waldrand vor dem Dorf Dreisel (km 9,9, ⇧ 145 m). Hier führt der Natursteig Sieg in einer großen Schleife durch das Naturschutzgebiet südwärts um das Dorf herum, um schließlich die Sieg zu erreichen.

⇘ Abkürzung: direkt nach Dreisel statt Schleife

(➲ 0,3 statt 3,4 km)

Sie können die große Schleife um Dreisel durch das Naturschutzgebiet vermeiden, indem Sie am Ortsanfang bei der alten Kneipe Zillertal geradeaus in das Dorf gehen, statt dem Natursteig Sieg rechts am Waldrand zu folgen. Sie gehen geradeaus bis zur Straße am Waldrand (Am Beuelsbach), wo Sie wieder dem Natursteig Sieg links folgen.

Basaltbrunnen in Dreisel

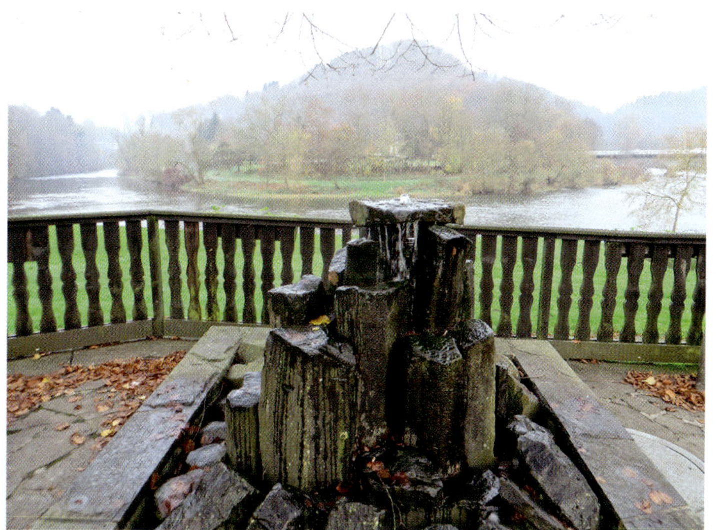

Am Ortsanfang von Dreisel biegen Sie bei der alten Kneipe Zillertal rechts in die Straße In der Adel (Dreisel 3,4 km, Schladern 7,1 km) und folgen dem Natursteig Sieg weiter am Waldrand entlang. Links unten liegt das alte Siegtal.

Seltene Schmetterlinge im alten Siegtal

Die Fläche des **Naturschutzgebietes „Ehemalige Siegschleife bei Dreisel"** wurde vermutlich vor rund 240.000 Jahren in der Saale-Kaltzeit von der Sieg abgeschnürt. Das alte Flussbett liegt heute unter einer 12 m mächtigen Schicht aus Lehm begraben, der in der Weichsel-Eiszeit von den Hängen ins Tal gespült wurde. Die ehemalige Siegschleife wurde 1992 unter Schutz gestellt. Nach einer Erweiterung mit Flächen im Tal sowie am angrenzenden Hangbereich des Umlaufbergs umfasst das Gebiet heute eine Fläche von 75 ha mit teilweise extensiv bewirtschaftetem Grünland und Streuobstwiesen.

Eine Besonderheit sind die seltenen Schmetterlingsarten Großer und Schwarzblauer Wiesenknopf-Moorbläuling. Das Naturschutzgebiet weist im gesamten Rhein-Sieg-Kreis die größten Bestände dieser schützenswerten Arten auf, die hohe Anforderungen an ihren Lebensraum stellen. So benötigen sie den Großen Wiesenknopf als Futterpflanze und besondere Knotenameisen bzw. deren Nester als Wirte. Aber auch andere seltene Tier- und Pflanzenarten sind hier zu Hause, wie die Orchidee Geflecktes Knabenkraut oder der Neuntöter.

Nach 1,5 km geht es bei einer Kreuzung im Wald auf asphaltiertem Weg links abwärts und nach 300 m vor Häusern scharf rechts. Nach 1,1 km und kurzem Anstieg folgen Sie dem Natursteig Sieg bei einer T-Kreuzung mit asphaltiertem Weg (km 12,7, ⇧ 160 m) links abwärts (u. a. Dreisel 0,6 km).

Nach rechts sind es 70 m zum Aussichtspunkt „Umlaufberg" mit Tisch und Bank.

300 m nach der T-Kreuzung folgen Sie in der Linkskurve der kleinen Straße dem Pfad geradeaus, rechts neben dem Zaun, und erreichen nach 200 m bei einer Bank den Ortsanfang von Dreisel. Weiter wandern Sie geradeaus durch die Straße Am Beuelsbach bis zur Sieg mit links dem ehemaligen Gasthof Siegperle (km 13,4, ⇧ 115 m). Dort führt Sie der Natursteig Sieg rechts über die Steinbachstraße und vorbei an der Bushaltestelle zur Hauptstraße.

Buslinie 579 mit folgenden Verbindungen:

♦ nach Schladern bzw. Rosbach: Mo bis Fr bis Rosbach stündlich um 44 nach, Sa ab 7:46 und So ab 9:46 alle 2 Std. nur bis Schladern

♦ nach Eitorf über Dattenfeld und Herchen: Mo bis Fr stündlich um 30 nach, Sa ab 6:30 und So ab 8:30 alle 2 Std.

alle Verbindungen sonntags sowie samstagabends nur mit Voranmeldung (mind. 30 Min. vorher), ☎ 022 41/49 99 99

Neben der Hauptstraße geht es links über die Sieg, um auf der anderen Seite dem Pfad rechts durch Wald aufwärts zu folgen.

Zweiter Abstecher nach/von Dattenfeld (➲ 1 km)

250 m nach der Brücke nehmen Sie den zweiten links abzweigenden Pfad Richtung Dattenfeld, der Sie nach rund 1 km in die Ortsmitte führt. Infos zu Dattenfeld: ☞ oben

Nach weiterem An- und kurzem Abstieg wandern Sie bis zum Waldrand, dem der Natursteig Sieg nach einer Rechtskurve folgt – am Ostrand von Dattenfeld.

Nach der Querung der Bahnlinie (km 15,4, 130 m) endet der Siedlungsbereich von Dattenfeld und Sie passieren rechts eine Abzweigung nach Schladern (☞ unten). Nach 100 m erreichen Sie das alte Fachwerkdorf **Altwindeck** und damit das Ende dieser Etappe (km 15,6, ⇧ 140 m, GPS N 50°48.628' E 007°34.407).

♜ (➲ 2 x 0,6 km) Optional ist bereits jetzt der Besuch der Burgruine Windeck möglich (statt bei Etappe 8). Dazu folgen Sie dem Natursteig Sieg noch 600 m geradeaus (☞ Beschreibung am Anfang von Etappe 8).

✕ Landgasthaus Zur Linde, Wacholder Str. 8, ☎ 022 92/959 07 00, 01 71/297 57 52, www.linde-altwindeck.de, Gaststätte mit Biergarten in der Dorfmitte, in der Sommersaison Di bis Sa 15:30 bis 24:00, So 11:00 bis 24:00

Die Bushaltestelle Im Dall nahe der Kirche wird von der Linie 579 bedient, mit folgenden Verbindungen:

♦ nach Schladern bzw. Rosbach: Mo bis Fr stündlich um 49 nach, Sa ab 7:49 und So ab 9:49 alle 2 Std. nur bis Schladern

♦ nach Eitorf über Dattenfeld und Herchen: Mo bis Fr stündlich um 25 nach, Sa ab 6:25 und So ab 8:25 alle 2 Std.

☝ alle Verbindungen sonntags sowie samstagabends nur mit Voranmeldung (mind. 30 Min. vorher), ☎ 022 41/49 99 99

Altwindeck – früher Windeck – ist Namensgeberin der heutigen Gemeinde Windeck, von deren insgesamt 66 Dörfern Altwindeck eines ist. Die heute 18.700 Einwohner zählende Gemeinde Windeck entstand in ihrer heutigen Form im Jahr 1969 durch die Zusammenlegung der Gemeinden Herchen, Dattenfeld und Rosbach.

✞ Die Marienkapelle in Altwindeck wurde im 18. Jh. aus Bruchsteinen erbaut. Im Inneren steht die Kopie einer barocken Marienskulptur.

⌘ Das **Museumsdorf Altwindeck**, Im Thal Windeck 17, zeigte ursprünglich im alten Schulgebäude von Altwindeck Fundstücke aus der Burg Windeck, die das Leben der sogenannten einfachen Leute beleuchteten. Im Laufe der Zeit wurde das Heimatmuseum zu einem ganzen Museumsdorf erweitert – u. a. mit zwei Wassermühlen, einem historischen Sägewerk, einer Schmiede, einem Tante-Emma-Laden, einem Kräutergarten und weiteren Fachwerkbauten.

♦ www.heimatmuseum-windeck.de, April bis November Sa und So 14:00 bis 18:00, Februar bis März So 14:00 bis 18:00, Eintritt € 3

Abstecher nach Schladern (1,5 km)

Von Altwindeck geht es auf der Straße Burgwiese zur Hauptstraße, der Sie geradeaus 100 m abwärts folgen, um dann den Fuß-/Radweg links neben der Bahnlinie zu nehmen, von dem sich nach links schöne Blicke auf die Altarme der Sieg bieten (Infos: ☞ Anfang von Etappe 8). Nach knapp 1 km wandern Sie in Schladern bei der Bahnbrücke zur Rechten links auf dem Steiner Weg zur Waldbröler Straße, der Sie 150 m nach rechts zum Bahnhof Schladern folgen.

Schladern

Besucherzentrum Schladern, Schönecker Weg 5, 51570 Windeck, ☎ 022 92/194 33, Mo bis Do 8:30 bis 12:00 und 13:00 bis 15:30, Do bis 17:00, Fr 8:30 bis 12:00, Sa 12:00 bis 16:00 und So 12:00 bis 17:00.

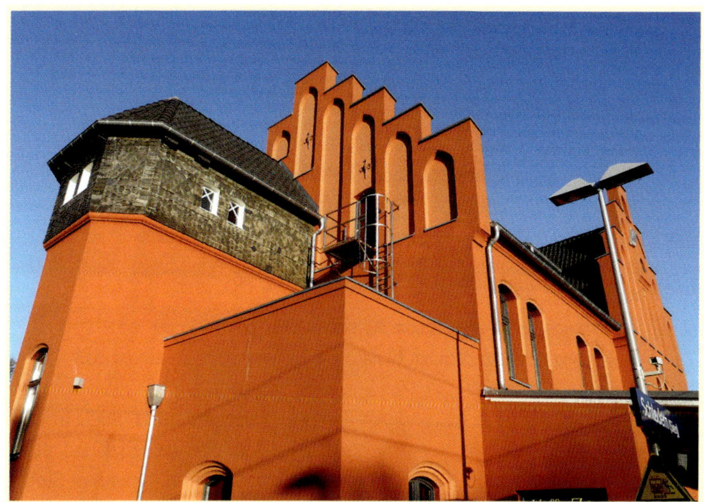

Bahnhof von Schladern

Das auf Neudeutsch im Marketing-Slang „Erlebniszentrum" genannte Gebäude wurde im Dezember 2014 eröffnet und bietet mit seinen drei gläsernen Seiten einen tollen Blick auf den Siegwasserfall.

🛏 ✕ Flair Hotel Bergischer Hof (wd, qs), Elmoresstraße 8, ☎ 022 92/22 83, ✉ info@bergischer-hof.de, 💻 www.bergischer-hof.de, kleines ***Hotel in zentraler Lage, auf der Südseite vom Bahnhof, 1,4 km vom Natursteig Sieg, GPS N 50°48.402' E 007°35.453', gratis WLAN, DZ ab € 80, 🚪 Restaurant Di bis Sa 12:00 bis 14:00 und 17:00 bis 21:00, So 12:00 bis 16:00. Das Hotel ist von 15:00 bis 17:00 geschlossen, ggf. vorher anrufen.

♦ Gasthof Willmeroth (qs), Preschlin-Allee 11, ☎ 022 92/91 33-0, ✉ info@gasthof-willmeroth.de, 💻 www.gasthof-willmeroth.de, traditionsreiches Hotel mit 25 Zimmern, Restaurant und eigener Brauerei (seit 2003, Maueler Hofbräu) im Windecker Ortsteil Mauel, 1,3 km vom Natursteig Sieg und 1 km südöstlich vom Bahnhof Schladern, GPS N 50°48.234' E 007°36.079'. DZ ab € 80, 🚪 Restaurant Mo bis Sa 12:00 bis 13:30 und 18:00 bis 21:30, So 12:00 bis 14:00 und 17:30 bis 21:00. Das Hotel ist Mo bis Do 14:00 bis 17:00 sowie Mi ganztägig geschlossen. Bei Anreise zu diesen Zeiten vorher kontaktieren!

KaffeeZeit (qs), Waldbröler Straße 3, ☏ 022 92/928 47 46, www.kochs-backstube.de, Café der Kette Kochs Backstube im renovierten Bahnhof von Schladern, mit Außenterrasse, Mo bis Fr 4:30 bis 18:00, Sa 6:00 bis 18:00, So 7:00 bis 18:00

Burg-Apotheke, Waldbröler Str. 24, 51570 Windeck-Schladern, ☏ 022 92/29 00, www.burg-apotheke-windeck.de, Mo bis Sa 8:30 bis 13:00 sowie 14:30 bis 18:30, Mi und Sa allerdings nicht nachmittags

Bahnhof für S-Bahn und Regionalbahn. Das rote Bahnhofsgebäude gilt als eines der schönsten entlang der Siegstrecke. Es gibt stündliche Verbindungen für die folgenden Linien:

- Richtung Siegen: stündlich um 10 nach mit RE9 sowie 32 nach mit S12 bis Au
- Richtung Köln: stündlich um 49 nach mit RE9 sowie um 27 nach mit S12

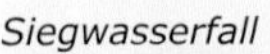

Siegwasserfall

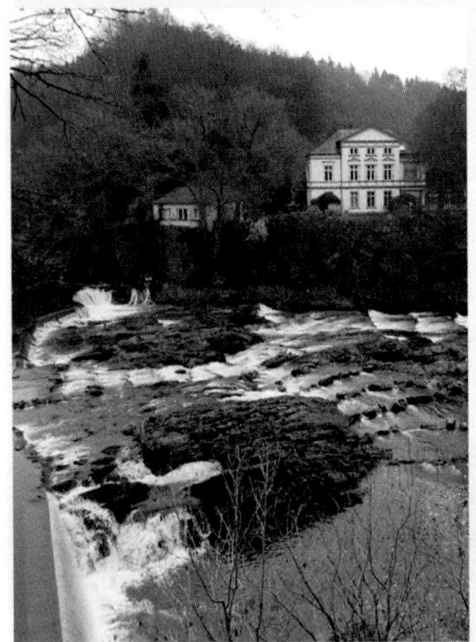

In Schladern stürzt südlich vom Bahnhof der **Siegwasserfall** auf einer Breite von 84 m über mehrere Stufen je nach Messung bzw. Quelle 4 bis 6 m tief und gilt damit als größter Wasserfall Nordrhein-Westfalens. Der Siegfall entstand durch die Umleitung der Sieg bei Stein im Zuge des Eisenbahnbaus 1857-58.

Die **Wasserburg Mauel** in der Preschlinallee 25 (GPS N 50°48.312' E 007°36.013') wurde im 16. Jh. aus Grauwacke-Bruchstein mit einem quadratischen Grundriss angelegt, der später nach Westen erweitert wurde. Der zweistöckige Bau ist von einem zum Teil gemauerten Graben umgeben. Der Name der Burg geht angeblich auf das Wort Aue für „Wiese" zurück, das sich über „Im Auwel" zu Mauel gewandelt haben soll.

Im restaurierten Burghaus befindet sich seit 1992 ein Weinlokal mit großem Biergarten (qs). ☏ 022 92/65 40, www.burg-mauel.de, Mo bis Fr ab 17:00, Sa ab 12:00, So ab 10:00, im Winterhalbjahr oft Anfang der Woche geschlossen

Etappe 8: Altwindeck – Au an der Sieg

➲ 16 km, 5 Std., ↑ 760 m, ↓ 765 m, ⇧ 115-290 m

0,0 km	⇧ 115 m	Altwindeck ⌘ und (erster) Abzweig von/nach Schladern (➲ 1,5 km)
0,6 km	⇧ 220 m	Burgruine Windeck
3,1 km	⇧ 210 m	(zweiter) Abzweig von/nach Schladern (➲ 1 km)
5,9 km	⇧ 230 m	Langenberg **fewo** und Abstecher zum Besucherbergwerk Silberhardt (➲ 2 x 2 km ⌘)
7,1 km	⇧ 165 m	Landgasthof Bachmühle
8,0 km	⇧ 260 m	Abzweig nach/von Rosbach (➲ 1,2 km)
8,4 km	⇧ 260 m	Waldkrankenhaus
9,0 km	⇧ 279 m	Alter Stuhl
9,7 km	⇧ 225 m	Abstecher nach Eulenbruch (➲ 1,2 km **BB**)
10,2 km	⇧ 255 m	Abstecher nach Hurst (➲ 0,3 km **BB**)
16,0 km	⇧ 150 m	Au und Abstecher nach Hamm (➲ 1,8 km ⌘)

Die Etappe führt auf teilweise felsigen Pfaden durch das überwiegend bewaldete Naturschutzgebiet Rosbach mit mehreren Bachtälern und einem alten Eichenbestand. Höhepunkt ist der Aussichtspunkt Alter Stuhl bei Rosbach. Und natürlich der Fluss Sieg selbst, der entlang dieser Etappe sieben Schleifen bildet. Dabei ist die erste Schleife nicht mitgezählt, ein Altarm der Sieg, der bei der Umleitung der Sieg Mitte des 19. Jh. infolge des Eisenbahnbaues entstand.

Erster Zuweg von Schladern (➲ 1,5 km)

Vom Bahnhof folgen Sie der Waldbröler Straße nach links (in westliche Richtung). Nach 150 m geht es links in den Steiner Weg, vorbei am Malerbetrieb Kaesberg. Sie folgen dem Steiner Weg vor der Bahnbrücke durch die Rechtskurve und weiter neben dem Bahngleis (Sackgasse). Nach 100 m macht die Straße eine Rechtskurve; Sie folgen weiter geradeaus dem asphaltierten Fuß-/Radweg direkt neben der Bahnlinie, bis Sie nach 800 m die Hauptstraße erreichen, der Sie 100 m aufwärts folgen, um dann geradeaus auf der Zufahrtsstraße Burgwiese nach Altwindeck mit dem Natursteig Sieg zu gehen.

❀ Beim Weg neben dem Bahngleis ist rechts zwischen den Bäumen der Altarm der Sieg erkennbar, entstanden 1857-58 bei der Umleitung der Sieg infolge des Bahnbaus, wobei die Sieg um 2,5 km verkürzt wurde. Die Altarme mit ihren Auen- und Bruchwäldern stehen seit 1992 unter Naturschutz. In den Stillwasserbereichen sind viele Libellen, Schmetterlinge, Amphibien und Wasservögel zu Hause, etwa der Grasfrosch und der Graureiher.

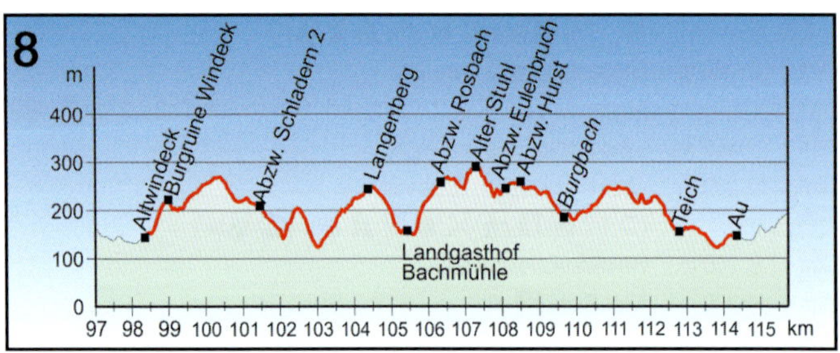

Von Altwindeck (km 0, ⇧ 115 m, GPS N 50°48.628' E 007°34.407') folgen Sie bei der Kapelle dem Natursteig Sieg nach rechts und nach 70 m bei einem grünen Briefkasten und Haus Nr. 57 nach links, auf einem Pfad durch Wald in nordöstliche Richtung.

⌘ Nach 100 m liegt links das Freilichtmuseum Altwindeck, ☞ Etappe 7.

10 Min. nach dem Start erreichen Sie auf bewaldetem Pfad die alte Burgruine Windeck (km 0,6, ⇧ 220 m).

♜ Die **Burg Windeck** (📷 Seite 108) bzw. ihre Ruine thront seit dem 12. Jahrhundert zwischen Dattenfeld und Schladern oberhalb der Sieg. Bis 1850 ragte die Ruine als Wahrzeichen des Windecker Ländchens direkt über der Sieg auf – bis die enge Windecker Siegschleife für den Bau der Bahnstrecke trockengelegt wurde.

Die Burg diente nach mehreren Besitzerwechseln als Grenzfeste der Grafen von Berg gegen die Grafen von Sayn (Homberg) und die Herren von Blankenberg. Die Anlage wurde im Dreißigjährigen Krieg und endgültig 1872 durch die Franzosen zerstört, nachdem 1860 der damalige preußische Landrat Daniel Oscar

Danzier auf den Gewölbekellern eine Villa im romantischen Stil der Zeit errichtet hatte. 1961 erwarb der Siegkreis die Anlage und begann mit der Restauration der Burgruine.

von der Burgruine toller Blick über das Sieg-Bergland und den Sieg-Westerwald

Von der Burgruine folgen Sie dem Natursteig Sieg auf der siegzugewandten Seite abwärts, durch das Gatter zum Parkplatz mit einer Einkehrgelegenheit:

Restaurant Zum Goldenen Spinnrad, 01 52/26 92 10 12, Mi bis So 11:00-22:00, Mo 18:00-22:00. Das ehemalige Burgcafé ist seit 2014 unter italienischer Führung.

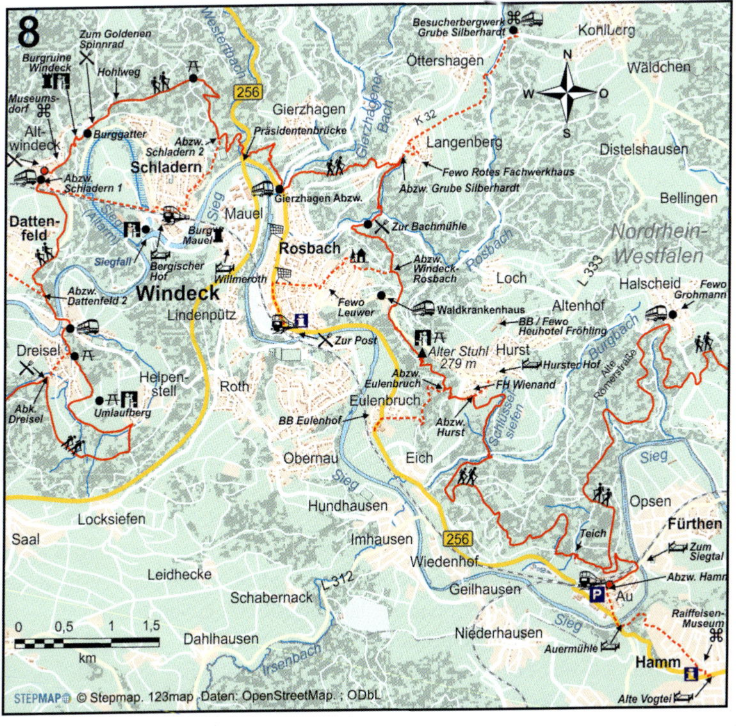

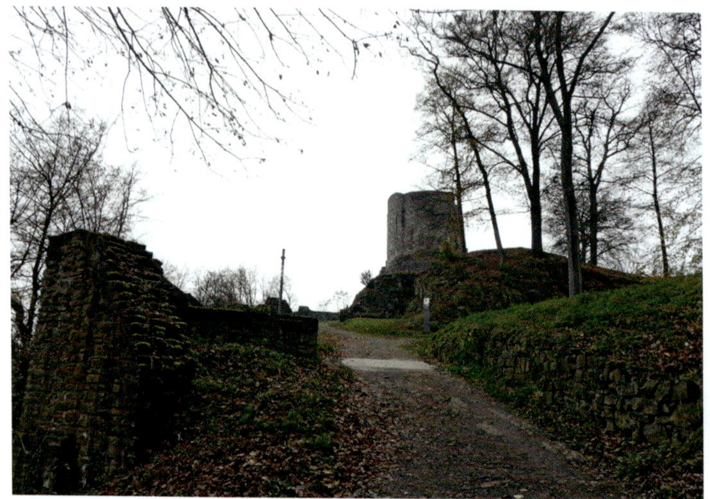

Burgruine Windeck

Nach dem Parkplatz folgen Sie dem Natursteig Sieg halb rechts aufwärts, am gelben Haus vorbei (u. a. Rosbach 9 km) und weiter leicht ansteigend auf einem etwa 500 m langen Hohlweg, der nach/bei Regen sehr matschig sein kann, durch Wald. Bei einer ⩸ Kreuzung mit Bank (km 2, ⇧ 265 m) wandern Sie rechts abwärts durch Nadelwald (u. a. Rosbach 7,8 km, Au 13,8 km) und erreichen nach 1,1 km einen Schlagbaum vor einem Sportplatz (km 3,1, ⇧ 210 m, GPS N 50°48.834' E 007°35.967'). Direkt vor dem Schlagbaum folgen Sie dem Natursteig Sieg nach links (u. a. Rosbach 6,8 km, Au 12,8 km). Geradeaus führt der Zubringerweg nach Schladern.

Zuweg nach/von Schladern Bf. (➲ 1 km)

Vom Natursteig Sieg zum Bahnhof: Der Zuweg führt geradeaus rechts am Sportplatz vorbei abwärts nach Schladern. 50 m nach dem Sportplatz folgen Sie dem Schotterweg links abwärts und links am Friedhof vorbei. Am Anfang der Bebauung gehen Sie bei der Kreuzung links abwärts (Zum Sprietchen) und bei der T-Kreuzung nach 400 m rechts, auf den Bahnhof zu.

Vom Bahnhof zum Natursteig Sieg: In umgekehrter Richtung gehen Sie vom Bahnhofsgebäude rechts und aufwärts in die Straße Auf dem Teichhardt, um nach

70 m links der Straße Zum Sprietchen aufwärts zu folgen. Nach 400 m geht es bei der Kreuzung am Waldrand rechts aufwärts in den Wald bis zum Sportplatz bzw. links an ihm vorbei. Hinter dem Schlagbaum folgen Sie dem Natursteig Sieg nach rechts (u. a. Rosbach 6,8 km, Au 12,8 km).

Nach kurzem Abstieg überqueren Sie auf Trittsteinen den Westertbach und erreichen an der Sieg bzw. einer Straßenbrücke einen Kreisverkehr (km 3,8, ⇧ 140 m). Sie halten sich etwas links, queren die B256 und folgen dem Natursteig Sieg durch Wald aufwärts in östliche Richtung.

Nach 350 m, kurz vor Gierzhagen, zweigt der Natursteig Sieg scharf rechts ab und führt durch den Wald wieder hinunter in das Siegtal, wo Sie bei einer Bushaltestelle erneut auf die B256 stoßen (km 4,7, ⇧ 120 m), der Sie 50 m nach links folgen.

Die Bushaltestelle Gierzhagen Abzw. wird von den Buslinien 579 und 342 bedient, mit folgenden Verbindungen:

♦ nach Schladern über Dattenfeld (Siegseite): Mo bis Fr stündlich um 32 nach, Sa und So alle 2 Std. ab 9:32

♦ nach Schladern, Dattenfeld, Eitorf (Bergseite): Mo bis Fr stündlich um 19 nach

☝ alle Verbindungen sonntags sowie samstagabends nur mit Voranmeldung (mind. 30 Min. vorher), ☎ 022 41/49 99 99

Nach der Querung des (Gierzhagener) Baches nehmen Sie die zweite links abzweigende Straße (Im Kleehahn).

☝ Nach 60 m macht die Straße eine Rechtskurve, Sie aber gehen auf dem Pfad geradeaus weiter, kurz am Waldrand entlang, dann durch Wald.

Am Ortsanfang von **Langenberg** stoßen Sie bei einer Pferdeweide auf die Kreisstraße (km 5,9, ⇧ 230 m), der Sie 100 m nach links folgen, ehe Sie rechts in den Talweg biegen.

Bushaltestelle Langenberg in der Dorfmitte, 300 m weiter geradeaus auf der Kreisstraße. Buslinie 343 fährt täglich mindestens alle 2 Std. nach Leuscheid, über Rosbach und Schladern. ☝ Fast alle Fahrten erfordern eine telefonische Voranmeldung (mind. 60 Min. vorher): ☎ 022 61/91 12 71.

Nach 100 m zweigt der Natursteig Sieg nach rechts ab, während geradeaus ein Abstecher zum bekannten Besucherbergwerk Silberhardt sowie zu einer Übernachtungsgelegenheit möglich ist (➲ 0,3 km):

fewo Rotes Fachwerkhaus, Zum Hof 20, ☏ 022 92/68 04 14, 💻 www.rotesfachwerkhaus.de, urige und gut ausgestattete Ferienwohnung in 300 Jahre altem Fachwerkhaus in Langenhagen, 300 m vom Natursteig Sieg, GPS N 50°48.712' E 007°37.725'. Preis je nach Zahl der Übernachtungen zwischen € 53 und 78 inkl. Nebenkosten, Endreinigung sowie ggf. Bringservice vom/zum Bahnhof.

Abstecher zum Besucherbergwerk Grube Silberhardt (➲ 2 km)

1 km nordöstlich von Langenhagen – und damit etwa 1,2 km vom Natursteig Sieg – liegt das bekannte Besucherbergwerk der Grube Silberhardt (GPS N 50°49.381' E 007°38.559') in Windeck-Öttershagen, allerdings nur mit wenigen Führungsterminen (am Wochenende). Zu Fuß ist es am besten vom Natursteig Sieg zu erreichen, wenn Sie bei der rechten Abzweigung des Natursteigs dem Talweg weiter geradeaus und später der Straße Zum Steineck in nordöstliche Richtung hinaus aus Langenhagen und in dieser Richtung weiter Richtung Grube folgen, zuletzt auf der Silberhardtstraße.

⌘ Das **Besucherbergwerk Grube Silberhardt** erinnert an die Zeit seit dem 13. Jh., als in dieser Region ein leicht verhüttbarer Stahl aus manganreichen Erzen hergestellt wurde. In der Grube Silberhardt wurde in mühevoller Arbeit unter Tage Silbererz abgebaut – bis 1926. Dank einer ehrenamtlichen Initiative wurde der Obere Neue Stollen seit 1997 der Öffentlichkeit zugänglich gemacht und erinnert an den Erzabbau vom 15. bis zum 20. Jh., zu dessen Höhepunkt um 1880 400 Menschen im Bergwerk bis in 158 m Tiefe arbeiteten. In den 270 m zugänglichen Stollens herrscht eine recht gleichmäßige Temperatur von rund 8°C, also warm anziehen! Über der Erde informiert ein Bergbauwanderweg mit 14 Stationen über den Abbau von Erzen.

♦ Besucherzentrum mit Kiosk an der Eisenbergstraße 29, ☏ 022 92/92 88 87, 💻 www.grube-silberhardt.de, 🚪 Führungen im Bergwerk (ohne Voranmeldung) Sa 11:00 bis 17:00, So 10:00 bis 17:00, in den Ferien auch häufiger, ☏ 022 92/194 33, ✉ tourismus@gemeinde-windeck.de

 Von der Grube Silberhardt fährt die Buslinie 343 täglich mindestens alle 2 Std. nach Leuscheid, über Rosbach und Schladern. Fast alle Fahrten erfordern eine telefonische Voranmeldung (mind. 60 Min. vorher): 022 61/91 12 71.

Sie folgen dem Natursteig Sieg bei der Abzweigung geradeaus und nach 120 m scharf rechts, aus Langenhagen heraus und absteigend durch den Wald.

Der Natursteig Sieg führt hier durch das 143 ha große **Naturschutzgebiet Rosbachtal**, das für seine Bachauen und -gehölze mit u. a. Schwarzerlen bekannt ist und 1994 eingerichtet wurde. In dem Naturschutzgebiet mit viel extensiv genutztem Grünland sind 500 Schmetterlingsarten zu Hause, darunter 120 Arten der Roten Liste in NRW, z. B. die besonders gefährdeten Tagfalterarten Großer und Kleiner Moorbläuling. Botaniker haben 343 Pflanzenarten in dem Schutzgebiet gezählt, von denen 20 auf der Roten Liste stehen. Die Labkraut-Sommerwurz und der Fieberklee haben hier den einzigen Standort im Rhein-Sieg-Kreis.

Im Rosbachtal stoßen Sie auf die Silberhardtstraße (km 6,9, ⇧ 150 m) und folgen ihr nach rechts. Nach 200 m passieren Sie eine Einkehrgelegenheit:

Landgasthof Bachmühle (qs), Silberhardtstraße 5, 022 92/10 30, www.zurbachmühle.de, traditionsreicher Gasthof (seit 1871) mit Terrasse und Biergarten im Rosbachtal, GPS N 50°48.367' E 007°37.276', Mo bis Fr 17:00 bis 23:00, Sa 11:00 bis 24:00 sowie So 11:00 bis 23:00

Bei der Bachmühle folgen Sie dem links beim Brunnen abzweigenden Pfad, der erst gemächlich, später steiler ansteigend auf die bewaldeten Höhen oberhalb von Rosbach führt.

Nach 900 m, kurz vor dem höchsten Punkt, halten Sie sich bei einer T-Kreuzung links (km 8, ⇧ 260 m). Nach rechts zweigt der Zuweg nach Rosbach mit Unterkunfts-, Einkaufs- und Einkehrgelegenheiten ab:

Abstecher nach Windeck-Rosbach

(➲ 1,2 km zur Ortsmitte, 0,3 km zur JH)

Der rechts abzweigende Weg erreicht nach 300 m den östlichen Ortsrand von Rosbach. Rechts liegt die Wald-Jugendherberge.

Wald-Jugendherberge Windeck-Rosbach (wd, qs), Herbergsstr. 19, ☏ 022 92/50 42, windeck@jugendherberge.de, ruhig gelegene, einfache Herberge Baujahr 1980 am Orts- bzw. Waldrand, GPS N 50°48.166' E 007°37.191. Von den 42 Zimmern sind 13 Zimmer DZ mit Du/WC, die restlichen 4-Bett-Zimmer mit Du/WC auf dem Flur. Ü/F im Mehrbettzimmer ab € 16, im DZ ab € 25

Zur Innenstadt mit mehreren Einkaufs- und Einkehrgelegenheiten sowie dem Bahnhof folgen Sie den Straßen abwärts.

Rosbach

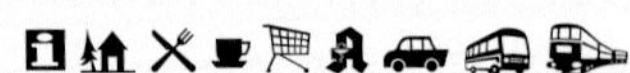

Windecker Ländchen e.V., Rathausstraße 12, 51570 Windeck-Rosbach, ☏ 022 92/194 33, tourismus@gemeinde-windeck.de, www.windecker-laendchen.com, www.windeck-bewegt.de, Mo bis Fr 8:00 bis 12:30, Do 13:30 bis 17:00

mehrere Einkehrgelegenheiten in der Nähe des Bahnhofs, etwa Restaurant Zur Post (qs), Rathausstr. 13, ☏ 022 92/51 51, www.zur-post-windeck.de, Mi bis So 10:30 bis 14:30 und ab 17:00

Kaffee Zeit Rosbach, Rathausstraße 43, ☏ 022 92/958 29 70, Café-Bäckerei der Kette Kochs Backstube, Mo bis Sa 6:00 bis 18:00, So 7:00 bis 18:00.

mehrere Supermärkte an der Durchgangsstraße (Rathausstraße) nördlich vom Bahnhof (Lidl, Aldi, Rewe)

Adler-Apotheke, Rathausstr. 25, ☏ 022 92/50 58, www.adler-apotheke-rosbach.de, Mo bis Sa 8:30 bis 12:30 sowie 14:30 bis 18:30, Mi und Sa allerdings nicht nachmittags

Taxi Schaldach, ☏ 022 92/51 11

Bahnhof für S-Bahn (S12): stündlich um 43 nach bis Köln sowie 34 nach bis Au

Nach 500 m queren Sie eine Straße mit rechts dem früheren Waldkrankenhaus Rosbach, erbaut 1902 in Jugendstilarchitektur.

Am Waldkrankenkaus gibt es eine gleichnamige Bushaltestelle mit Verbindungen der Linie 344 nach:

- Rosbach: Mo bis Fr fast stündlich, meistens um 14 nach, So und So alle 2 Std. um 14 nach (zu geraden Stunden)
- Waldbröl via Halscheid: Mo bis Fr stündlich, meistens um 44 nach, Sa und So alle 2 Std. um 44 nach (zu geraden Stunden)

Fast alle Fahrten erfordern eine telefonische Voranmeldung (mind. 60 Min. vorher): 022 61/91 12 71.

Sie folgen dem Natursteig Sieg auf der anderen Straßenseite durch die Linkskurve und passieren nach 200 m einen Startplatz für Drachenflieger. Es geht weiter gemächlich aufwärts auf bewaldetem Kamm rechts oberhalb der Straße durch Wald zum Aussichtspunkt auf dem **Alten Stuhl** (km 9, ⇧ 279 m).

Rastplatz mit schöner Aussicht auf das Windecker Ländchen und den Sieg-Westerwald

Weiter geht es auf dem Natursteig Sieg vorbei am Sendeturm und weiter abwärts durch Wald. Nach 700 m halten Sie sich bei einer Gabelung links (km 9,7, ⇧ 225 m).

Abstecher nach Eulenbruch mit einer Unterkunft (➲ 1,2 km)

Der Weg rechts bei der Gabelung führt durch den Wald abwärts in den Windecker Ortsteil Eulenbruch mit einer Übernachtungsgelegenheit zwischen Hauptstraße und Bahnlinie:

BB Pension Eulenhof (qs), Im Eulenbruch 12, 022 92/95 92 76, pension-eulenhof@t-online.de, www.pension-eulenhof.de, kleine Pension in einem Fachwerkhaus mit 3 Zimmern nahe der Sieg bzw. Bahnlinie, GPS N 50°47.353' E 007°37.327', DZ ab € 40

Sie wandern aufwärts durch Wald und kurz darauf über freie Fläche vor Hurst, um nach 300 m die Zufahrtsstraße zu queren. 100 m danach führt ein Zubringerweg in dieses Dorf mit Unterkunftsmöglichkeiten, während der Natursteig Sieg rechts abzweigt (km 10,2, ⇧ 255 m).

Abstecher nach Hurst (➲ 0,3 km)

Sie folgen dem ausgewiesenen Zubringerweg nach links in das Dorf Hurst, entlang der Straße Pechsiefen. Nach 200 m erreichen Sie bei einem Briefkasten die Hauptstraße (Hohe Straße). Nach rechts geht es zum Hurster Hof.

Hurster Hof, Hohe Straße 61, ☏ 022 92/95 08 50, hurster-hof@t-online.de, www.hurster-hof.de, familiengeführtes Landgasthaus mit Biergarten, direkt an der Durchgangsstraße und 400 m vom Natursteig Sieg, GPS N 50°47.554' E 007°38.463', DZ ab € 70

BB fewo Heuhotel Fröhling (qs), Rauher Hohn 20, ☏ 022 92/929 99 52, 01 77/713 73 64, hof-froehling@t-online.de, www.hof-froehling.de, Heuhotel (ab 8 Pers.) und Ferienwohnungen im Norden von Hurst, 1,3 km vom Natursteig Sieg und 3,7 km vom Bf. Rosbach, GPS N 50°47.835' E 007°38.470', Ü/F im Heu € 17, Fewo für 2 Pers. ab etwa € 35 zzgl. Endreinigung (€ 27), offiziell ab 4 Tagen

Bushaltestelle Hurst mit Verbindungen der Linie 344 nach:

- Rosbach: Mo bis Fr fast stündlich, meistens um 12 nach. So und So alle 2 Std. um 12 nach (zu geraden Stunden)
- Waldbröl via Hurst und Halscheid: Mo bis Fr stündlich, meistens um 46 nach, Sa und So alle 2 Std. um 46 (nach zu geraden Stunden)

Fast alle Fahrten erfordern eine telefonische Voranmeldung (mind. 60 Min. vorher): ☏ 022 61/91 12 71.

Sie folgen dem Natursteig Sieg rechts abwärts auf nettem Pfad in das schmale Schlüsselsiefental. Nach 600 m halten Sie sich rechts und queren nach 200 m den Burgbach und eine Landstraße (km 11,3, ⇧ 190 m), um danach dem Natursteig Sieg auf einer asphaltierten Straße durch Wald am Hang oberhalb vom Burgbachtal zu folgen.

Nach 800 m verlassen Sie die kleine Straße nach links aufwärts (km 12,1, ⇧ 210 m).

800 m weiter führt der Natursteig Sieg kurzzeitig an einen Forstweg heran, dem Sie 30 m nach links folgen, ehe es rechts wieder auf kleinerem Pfad in den Wald geht. Nach 1,6 km halten Sie sich nach kurzem etwas steileren Abstieg (km 14,4, ⇧ 160 m) links. Am bewaldeten Hang entlang geht es in und durch ein Nebental, vorbei an einem Teich. 350 m nach dem Teich kreuzen Sie oberhalb vom Bahnhof Au einen anderen Wanderweg und erreichen die Sieg kurz vor der Bahnlinie. Sie folgen dem Natursteig Sieg rechts unter der Bahnbrücke hindurch und gehen danach rechts, über den Parkplatz und schließlich noch 47 Stufen hinauf zum Bahnhof (km 15,9, ⇧ 150 m).

Au an der Sieg

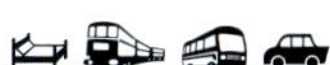

Au selbst hat keine Hotels, aber in direkter Nachbarschaft gibt es zwei auf der anderen Seite der Sieg:

- Hotel Auermühle (qs), Auermühle 4, ☏ 026 82/251, hotel-auermuehle@online.de, www.auermuehle.de, verkehrstechnisch günstig, nämlich direkt an der Siegbrücke der B256 Richtung Hamm gelegenes kleines Hotel mit 12 Zimmern sowie Gaststätte, umgeben von Wald, GPS N 50°46.181' E 007°39.533', DZ ab € 70, Gaststätte So bis Mo 12:00 bis 14:00 und 17:00 bis 22:00, Sa ab 17:00
- Gasthof Zum Siegtal, Siegstraße 4, Fürthen, ☏ 026 82/968 85 81, 01 60/90 29 48 29, info@gasthof-zum-siegtal.de, www.gasthof-zum-siegtal.de, einfacher Gasthof auf der anderen Seite der Sieg, neben Hauptstraße und Bahnlinie, GPS N 50°46.556' E 007°39.751', DZ ab € 65

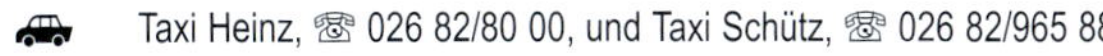

Taxi Heinz, ☏ 026 82/80 00, und Taxi Schütz, ☏ 026 82/965 88

Bahnhof für S-Bahn und Regionalbahn. Au ist Endpunkt der Kölner S-Bahnlinie 12 sowie der von/nach Siegen verkehrenden RB95 und wird außerdem vom RE9 zwischen Köln und Sieg angefahren. Daher gibt es häufige Verbindungen:

- Richtung Siegen: stündlich um 16 nach mit RE9 sowie 20 nach mit RB95 (in Stoßzeiten auch 50 nach)
- Richtung Köln: stündlich um 43 nach mit RE9 sowie um 20 nach mit S12

Bushaltestelle vor dem Bahnhof mit folgenden Verbindungen: Die Linie 299 fährt in die Kreisstadt Altenkirchen und nach Au: Mo bis Fr bis zu 10-mal täglich, Sa jeweils nur 2-mal (9:15 und 13:15).

Abstecher nach Hamm (1,8 km)

Für einen Abstecher in den Raiffeisen-Ort Hamm mit Einkehr- und Einkaufsgelegenheit folgen Sie vom Bahnhof Au der Bahnhofstraße abwärts zur Sieg, queren diese und nehmen gleich links hinter dem Hotel Auerbach den unscheinbaren kleinen Pfad, der durch Wald aufwärts führt. 30 m nach einem gelben Pfahl geht es rechts und schließlich durch ein Neubauviertel in die Ortsmitte von Hamm.

Hamm an der Sieg

KulturHausHamm, Scheidter Straße 11, 57577 Hamm, ☏ 026 82/96 97 89, udo.schmidt@hamm-sieg.de, www.hamm-sieg.de, Mo bis Fr 11:00 bis 12:00 sowie Mi und Do 15:00 bis 17:00

Alte Vogtei, Lindenallee 3, ☏ 026 82/259, mail@altevogtei.de, www.vogtei.de, zentral gelegenes Gasthaus der Familie Wortelkamp in fünfter Generation, DZ p.P. ab etwa € 80. Das gegenüber der Kirche (GPS N 50°45.920' E 007°40.320') liegende Hotelgebäude von 1733 hat eine wechselvolle Geschichte: als vermeintliches Geburtshaus von Friedrich Wilhelm Raiffeisen (☞ unten) sowie Posthalterei und Bürgermeisteramt. Von daher ist es kein Wunder, dass das Hotel historisches Ambiente ausstrahlt: Die Zimmer sind mit Westerwälder Antiquitäten möbliert.

Supermarkt Rewe XL im Marktzentrum Ringelsmorgen, Mo bis Sa 7:00 bis 22:00

Das größte Waldschwimmbad der Region liegt an der Thalhäuser Mühle, 1 km südlich und oberhalb von Hamm. Das Bad ist 4 m tief und hat eine Wasserfläche von 16.000 m². ☏ 026/82 34 20, Mai bis September täglich 10:00 bis 20:00, Eintritt € 3

Hamm Busbahnhof im Ortszentrum bei der Tourist-Info

♦ Linie 295 fährt u. a. in die Kreisstadt Altenkirchen sowie nach Wissen: Mo bis Fr jeweils (etwas unregelmäßig) stündlich, Sa alle 2 Std.: nach Altenkirchen ab 8:06, nach Wissen ab 7:15

Vermeintliches Raiffeisengeburtshaus

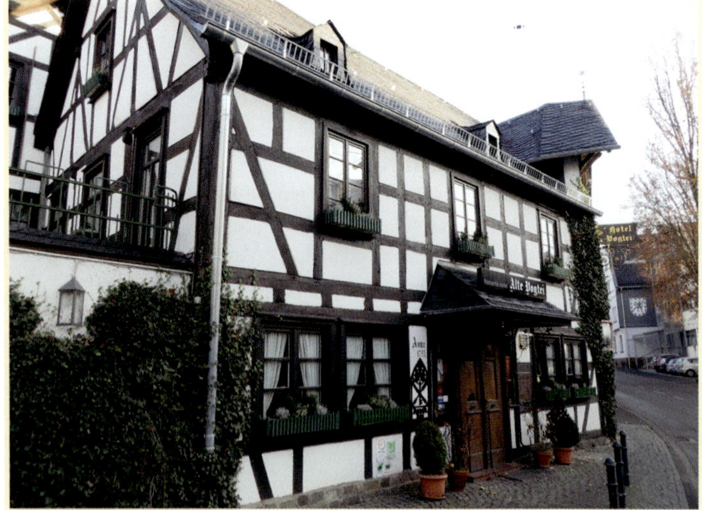

♦ Linie 299 fährt in die Kreisstadt Altenkirchen und nach Au: Mo bis Fr bis zu 10-mal täglich, Sa jeweils nur 2-mal

Hamm an der Sieg (3.350 Ew.) gehört zum Landkreis Altenkirchen in Rheinland-Pfalz und liegt an den nördlichen Ausläufern des Westerwalds. Das im 12. Jh. erstmals urkundlich erwähnte Städtchen trägt seit 1968 den Namenszusatz „Sieg" und ist ein staatlich anerkannter Fremdenverkehrsort.

Bekanntester Sohn von Hamm ist Friedrich Wilhelm Raiffeisen (1818-1888), der Begründer des ländlichen Genossenschaftswesens, dessen Familie mehrmals den Bürgermeister von Hamm stellte. Mehrere Gebäude erheben den Anspruch, Geburtshaus von Raiffeisen zu sein: das Hotel Alte Vogtei sowie das Raiffeisenmuseum. Die Quellenlage ist recht dünn. Das Raiffeisenmuseum spricht selbst von „mündlicher Überlieferung" ...

⌘ Das Deutsche Raiffeisenmuseum informiert seit 2000 im (vermeintlichen) Geburtshaus von Raiffeisen, einem Fachwerkhaus in der Raiffeisenstraße 10, über das Leben und Werken des bekanntesten Sohnes des Ortes. Zu sehen ist u. a. Raiffeisens Originalschreibtisch.

♦ 💻 www.deutsches-raiffeisenmuseum.de, 🚪 nach Absprache mit der 100 m entfernten Tourist-Info

Wie Raiffeisen der ländlichen Bevölkerung half

Der 1818 in Hamm geborene Friedrich Wilhelm Raiffeisen gilt als Gründer der „Darlehenskassen-Vereine". Raiffeisen erkannte Kapitalmangel als einen der Hauptgründe für die chronische Armut der ländlichen Bevölkerung sowie städtischen Handwerker, die mit Kapital für Investitionen und damit einer höheren Produktivität (v. a. der Landwirtschaft) gemindert werden sollte – sozusagen als „Hilfe zur Selbsthilfe". Daher gründete er „Darlehenskassen-Vereine", die kleine Kredite für Landwirte und Handwerker vergeben sollten. Das ganze genossenschaftliche Kreditwesen geht auf ihn zurück, vor allem mit den in Deutschland bekannten Volks- und Raiffeisenbanken, von denen es in der Form weltweit mehr als 300.000 gibt.

Wenn der Gründervater Raiffeissen gewusst hätte, dass einige davon (z. B. die niederländische Rabobank) mit illegalen Manipulationen der internationalen (Libor-)Zinssätze die globale Finanzkrise verschärft haben, würde sich er sich wohl im Grabe umdrehen ...

Etappe 9: Au an der Sieg – Abzweig nach Wissen

14,1 km, 4 Std., ↑ 530 m, ↓ 410 m, ⇧ 140-305 m

0,0 km	⇧ 150 m	Au und Abstecher nach Hamm (1,8 km)
4,8 km	⇧ 305 m	Halscheid **fewo**
7,2 km	⇧ 175 m	Grenze NRW-RP
8,9 km	⇧ 210 m	Kanzels Ley
14,1 km	⇧ 260 m	Abzweig nach Wissen (4,4 km)

Diese erste Etappe der 2015 eröffneten östlichen Verlängerung führt Sie über die Landesgrenze von NRW nach Rheinland-Pfalz. Sie wandern nördlich der Sieg durch Wald und weite Hochebenen, wodurch sich wiederholt tolle Ausblicke bieten. Der erste Teil steht als silikathaltiger Felshang mit besonderen Pflanzengemeinschaften stellenweise unter Naturschutz.

Vom Bahnhof Au (km 0, 150 m) geht es zunächst wie beim Ende von Etappe 8 in umgekehrter Richtung wieder hinauf: Sie verlassen das Bahnhofsgebäude nach links, gehen über den Parkplatz und die (47) Treppenstufen hinunter und queren den nächsten Parkplatz. Auf der anderen Straßenseite folgen Sie dem Natursteig Sieg weiter an die Sieg heran und dort links unter der Bahnbrücke hindurch. 20 m nach der Bahnbrücke führt Sie der Natursteig Sieg links aufwärts durch Wald und nach 500 m an einen Forstweg heran (km 1, ⇧ 165 m), dem Sie rechts durch Wald oberhalb der Sieg folgen. Nach 1 km halten Sie sich bei einer Gabelung rechts (km 2, ⇧ 210 m).

Der Weg führt am bewaldeten Hang eines Silikatfelsens mit Moosgesellschaften und besonderer Felsspaltenvegetation entlang, der unter Naturschutz steht. Von den Felsen ist allerdings wegen der dichten Bewaldung kaum etwas zu sehen.

Nach 2,4 km, 30 m nach einem Schlagbaum, stoßen Sie kurz vor dem Windecker Ortsteil Halscheid auf einen Forstweg (km 4,4, ⇧ 285 m) und folgen diesem nach rechts (u. a. Wissen 14,1 km), um nach 120 m bei einer Kreuzung rechts die Alte Römerstraße zu nehmen. Nach 200 m geht es vor einem Spielplatz am Ortsanfang von **Halscheid** rechts in einen Waldweg (km 4,8, ⇧ 305 m).

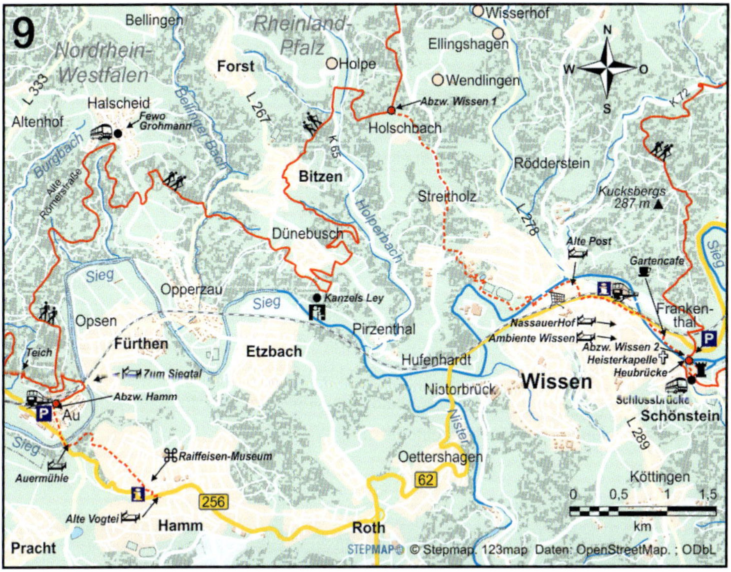

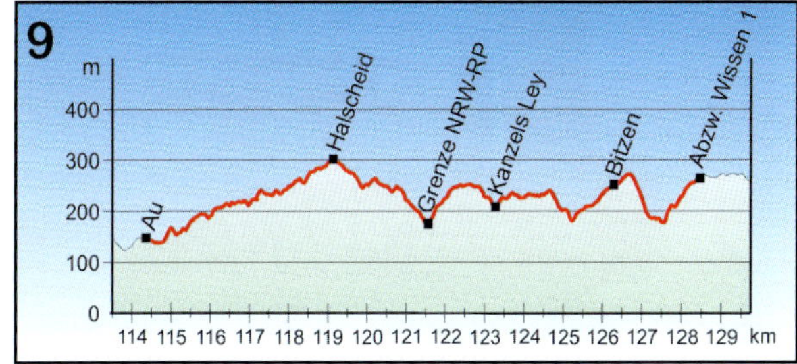

fewo Grohmann, Im Unterhof 22, ☏ 089/35 74 71 39, ✉ gerndt@in.tum.de, 💻 http://home.arcor.de/mgerndt/AllgemeineInformation.htm, ordentliche Ferienwohnung in östlicher Ortsrandlage mit tollem Ausblick und Terrassen, GPS N 50°47.904' E 007°40.034', pro Tag etwa € 30. Gut geeignet als Ausgangspunkt für Wanderungen auf dem Natursteig Sieg in dessen Mittelpunkt – allerdings sollte ein Auto für Transfers zum Bahnhof vorhanden sein.

Von Halscheid verkehrt die Buslinie 344 nach:

♦ Rosbach: Mo bis Fr fast stündlich, meistens um 10 nach, So und So alle 2 Std. um 10 nach (zu geraden Stunden)

♦ Waldbröl: Mo bis Fr stündlich, meistens um 50 nach, Sa und So alle 2 Std. um 50 nach (zu geraden Stunden)

☝ Fast alle Fahrten erfordern eine telefonische Voranmeldung (mind. 60 Min. vorher): ☏ 022 61/91 12 71.

Nach 900 m verlassen Sie den Wald und folgen bei der T-Kreuzung mit Hochsitz und vor einem Feld (km 5,7, ⇧ 255 m) dem Feldweg nach links aufwärts, am Waldrand entlang. Nach 200 m nehmen Sie rechts die Straße, um diese nach 100 m links auf einem Schotterweg zu verlassen (u. a. Wissen 12,3 km) und sich bei einer Gabelung nach 30 m links zu halten. Sie wandern abwärts über freies Gelände und kurz darauf durch Wald. Es geht hinunter in das Seitental des Bellinger Baches, den (sowie eine Straße) Sie nach 1,1 km queren (km 7,2,

Wegweiser in Dünebusch

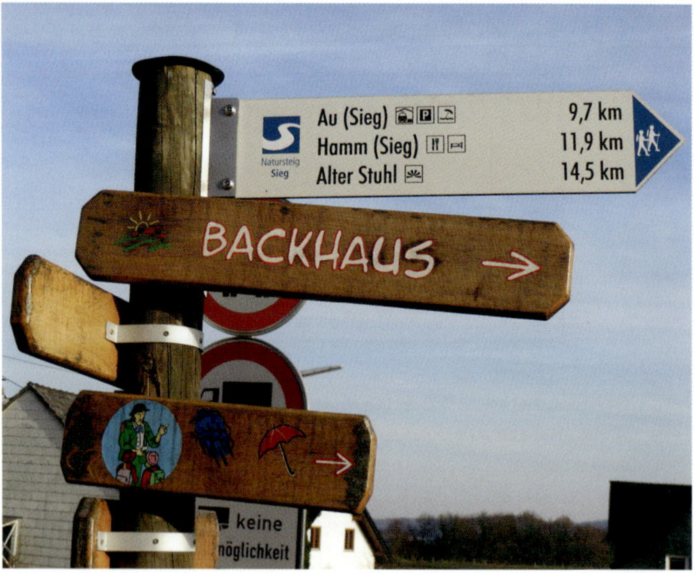

⇧ 175 m). Der Bach bildet an dieser Stelle die natürliche Grenze zwischen NRW und Rheinland-Pfalz. Nach der Querung der Landstraße folgen Sie dem Natursteig Sieg aufwärts durch Wald.

↳ Südlich von Bitzen bietet sich 1,7 km nach der Landesgrenze (km 8,9, ⇧ 210 m) rechts ein kurzer Abstecher (2 x 70 m) zum Aussichtspunkt Kanzels Ley (GPS N 50°46.987' E 007°41.753') an.

Weiter geht es in großem Bogen gegen den Uhrzeigersinn um das Dorf Dünebusch herum. Nach weiterem Rauf und Runter passieren Sie den Ort Bitzen (km 12, ⇧ 255 m), ehe Sie wieder durch Wald absteigen und den Holperbach queren (km 13,2, ⇧ 185 m), einen 14 km langen Zufluss der Sieg. Nach dem darauf folgenden 900 m langen Anstieg durch Wald erreichen Sie das Ende dieser Etappe und den Zuweg nach Wissen (km 14,1, ⇧ 260 m, GPS N 50°47.983' E 007°42.382'). Nach links zweigt Etappe 10 ab, die in einer 19 km langen Schleife über Birken-Honigsessen ebenfalls nach Wissen führt.

↳ Abstecher nach/von Wissen (➲ 4,4 km)

Der vom Natursteig Sieg rechts abzweigende Zuweg führt abwärts zunächst überwiegend am Waldrand entlang und nach 1,2 km über eine bewaldete Waldkuppe, ehe Sie durch überwiegend offenes Gelände hinunter zur Sieg wandern. 300 m nach dem Siegstadion queren Sie den Fluss über eine Brücke und gehen danach links – vor dem Aldi-Supermarkt –, gleich darauf links abwärts und weiter auf der Siegpromenade bis zur nächsten Brücke mit rechts dem Restaurant Old Bakery und dahinter dem Hotel Alte Post.

Hotel Restaurant Alte Post, Siegstraße 1, ☎ 027 42/91 36 76, alte-post-wissen@t-online.de, www.alte-post-wissen.de, kleines Hotel 5 Min. vom Bahnhof nahe der Sieg sowie einer Brücke bzw. Durchgangsstraße (L287), direkt am Zubringer zum Natursteig Sieg, GPS N 50°47.050' E 007°43.997'. Das Gasthaus bietet ein Restaurant im ersten Stock, eine Bar im Erdgeschoss sowie 3 DZ (ab € 85) und 3 EZ (ab € 65). Restaurant Di und Do ab 16:00, Fr bis So 12:00 bis 14:00 und 18:00 bis 22:00, Hotel durchgehend geöffnet

Ab der Brücke mit dem Hotel folgen Sie dem Zubringer nach rechts weg von der Sieg, über die Bahnlinie und danach links zum Bahnhof Wissen.

Wissen

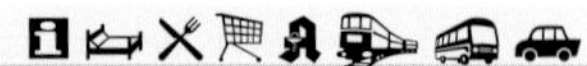

Tourist-Information im RegioBahnhof, Bahnhofstraße 2, 57537 Wissen, ☏ 027 42/26 86, vv_wissen@web.de, www.wissen.eu, Mo bis Fr 7:30 bis 12:00 und 13:30 bis 16:30, Sa 8:00 bis 12:00. Tourist-Info in dem 2006 fertiggestellten Bahnhof – ein modernes Wahrzeichen von Wissen

Hotel Restaurant Nassauer Hof, Nassauer Straße 2, ☏ 027 42/934 00, info@nassauerhof-wissen.de, www.nassauerhof-wissen.de, kleines, familiäres Hotel mit etwa 15 Zimmern und über 50-jähriger Tradition, 5 Min. vom Bahnhof, GPS N 50°46.829' E 007°44.371', DZ mit Frühstück ab € 65

Hotel Ambiente Wissen, Hockelbachstraße 2, ☏ 027 42/932 40, info@hotel-ambiente-wissen.de, www.hotel-ambiente-wissen.de, modernes ***Hotel (Baujahr 1996) 5 Min. vom Bahnhof, GPS N 50°46.779' E 007°44.390', große Zimmer mit Du/WC sowie Wasserkocher, DZ ab € 78, Internet kostet extra (€ 5), Hund gratis

Supermärkte (Rewe) in der Schlossstr. 2, Mo bis Sa 7:00 bis 22:00, und in der Nisterstraße 17, Mo bis Sa 7:00 bis 21:00

4 Apotheken in der Ortsmitte

Taxi Klaus, ☏ 027 42/96 98 99

Bahnhof für S-Bahn und Regionalbahn mit jeweils stündlichen Abfahrten pro Linie:

♦ Richtung Siegen: um 22 nach (RE9) sowie um 27 nach (RB95), zu Stoßzeiten auch 57 nach (RB95)

♦ Richtung Köln bzw. Au: um 37 nach (RE9) bzw. 29 nach (RB95), zu Stoßzeiten auch 59 nach (RB95)

Die 8.100 Ew. zählende Gemeinde Wissen liegt im Übergang vom Westerwald zum Siegerland und Bergischem Land. Wissen wurde erstmals um 913 erwähnt. Im Jahr 1048 tauchte der Name „Wisnerofanc" urkundlich auf und seit dem 13. Jh. gehörte das Kirchspiel Wissen auf der linken Siegseite als Lehen zum Erzstift Köln. Ab 1803 fielen Teile an Nassau, und nach 1815 wurde Wissen unter den Preußen Sitz einer Bürgermeisterei. Infolge der Bahnanbindung siedelten sich Industriebetriebe an. 1969 erhielt Wissen Stadtrecht.

In und um Wissen verlaufen zwei thematische Wanderwege, denen der Natursteig Sieg auf kurzen Abschnitten folgt: der Kapellenweg mit drei Stationen und der Botanische Weg, Letzterer eher ein ganzes Netz an Wanderwegen (35 km lang) durch die abwechslungsreiche Landschaft mit Flussauen, Bachtälern und dicht bewaldeten Höhenzügen, begleitet von 85 Infotafeln.

✝ Die romanische Pfarrkirche Kreuzerhöhung wurde 1804 und 1911 in zwei Abschnitten durch die neue Kirche ersetzt, im Inneren mit bekannten Fresken und Deckengemälde des Kölner Kirchenmalers Peter Hecker.

Etappe 10: Abzweig nach Wissen – Siegbrücke Wissen bei Schloss Schönstein

19,3 km, 5 Std. 30 Min., ↑ 550 m, ↓ 660 m, ⇧ 150-300 m

0,0 km	⇧ 260 m	(erster) Abzweig von/nach Wissen (4,4 km)
2,5 km	⇧ 290 m	Hof Hagdorn
8,8 km	⇧ 290 m	Birken-Honigsessen ✝
13,0 km	⇧ 190 m	Zur Alten Mühle
19,3 km	⇧ 155 m	(zweiter) Abzweig nach/von Wissen (1,2 km)

Diese Etappe ist eigentlich (fast) ein Rundweg überwiegend durch Wald nördlich von Wissen, der Sie nach dem Durchqueren mehrerer Bachtäler auf eine Hochebene mit dem Dorf Birken-Honigsessen führt. Von dort steigen Sie ab in das wildromantische Mühlental, ehe Sie der Alten Poststraße durch Wald an den Ostrand von Wissen folgen. Wegen der Wegführung lässt sich diese Etappe bei Streckengehern auch leicht einsparen oder andererseits ab Wissen als insgesamt knapp 25 km langer Rundweg gehen.

Zuweg von Wissen (4,4 km)

Vom Bahnhof geht es nach rechts und nach 350 m wieder rechts, über die Bahnlinie und weiter zur Sieg mit einer Brücke. Ab dort folgen Sie links der Siegpromenade und queren nach 400 m die Sieg über die Brücke. Gleich nach der Brücke wandern Sie links und links am Siegstadion vorbei. Weiter geht es aufwärts, über eine bewaldete Kuppe und kurz darauf längere Zeit am Waldrand entlang leicht aufwärts, bis Sie den Natursteig Sieg erreichen, wo links Etappe 9 Richtung Au und rechts Etappe 10 über Birken-Honigsessen nach Wissen führt.

Vom Endpunkt des Zubringers aus Wissen bzw. dem Ende von Etappe 9 (km 0, ⇧ 260 m, GPS N 50°47.983' E 007°42.382') wandern Sie zunächst auf dem Natursteig Sieg nordwärts durch Wald – östlich und oberhalb vom

Holperbach. Nach 1 km nähert sich der Natursteig Sieg der Kreisstraße an und verläuft weiter (links) neben ihr. Nach einem weiteren Kilometer queren Sie am Waldrand die Straße und wandern kurz darauf weiter durch Wald nordwärts, bis Sie nach 400 m wieder auf eine Straße und kurz dahinter auf den Hof Hagdorn mit Einkehrgelegenheit stoßen (km 2,5, ⇧290 m):

☕ Hagdorn Bauernhofcafé, ☏ 027 42/96 96 25, 💻 www.hof-hagdorn.de.
Café auf einem Bauernhof, der viele Freizeitaktivitäten anbietet, GPS N 50°49.155' E 007°42.162'. Es gibt nicht nur hausgemachtes Gebäck, sondern durchgehend warme Küche. 🚪 Anfang März bis Ende Oktober Mi bis Fr 14:00 bis 18:00, Sa und So 12:00 bis 20:00

Vom Hof kommend queren Sie die Straße und folgen dem Natursteig Sieg auf einem asphaltierten Weg in östliche Richtung am Waldrand entlang und nach 250 m durch Wald. 600 m nach dem Hof verlassen Sie diesen Weg und folgen dem Natursteig Sieg nach links abwärts durch Wald und nach 400 m am Waldrand entlang.

Nach 1,1 km (km 4,2, ⇧ 170 m) queren Sie nach einer längeren, großen Rechtskurve den Wisser Bach und kurz darauf die Landstraße, um danach dem Natursteig Sieg wieder aufwärts aus dem Tal hinaus in östliche Richtung zu folgen, ehe Sie nach 400 m in ein weiteres Tal absteigen. Auch dort queren Sie auf einer kleinen, urigen Brücke einen Bach (Steckelbach) und kurz darauf die Straße (km 5,2, ⇧ 215 m). Danach wandern Sie wieder hinauf bis auf eine Höhe von 190 m – durch Wald und über freies Gelände – und folgen dem Weg schließlich hinunter in das nächste Tal. Bei Abzweigungen halten Sie sich rechts. Im Tal queren Sie den Lauberbach (km 7,5, ⇧ 225 m) und halten sich bei der Straße links, um gleich in der Rechtskurve dem Natursteig Sieg links in Kurven hinauf zu folgen.

Nach dem Anstieg erreichen Sie **Birken-Honigsessen** beim Friedhof. Nach dem Friedhof schwenken Sie nach links, links an der Kirche (📷 Seite 127) vorbei (km 8,8, ⇧ 290 m).

✝ Die katholische Pfarrkirche St. Elisabeth im Dorfzentrum ist das auffälligste Gebäude des Ortes. Die beim Bau (1930) avantgardistische Kirche erinnert an ein Zeltdach und hat schon Generationen von Architekturstudenten beeindruckt. Integriert in den Bau ist die 1723 von Freifrau Anna Elisabeth zu Hatzfeld gestiftete Kapelle zur hl. Elisabeth.

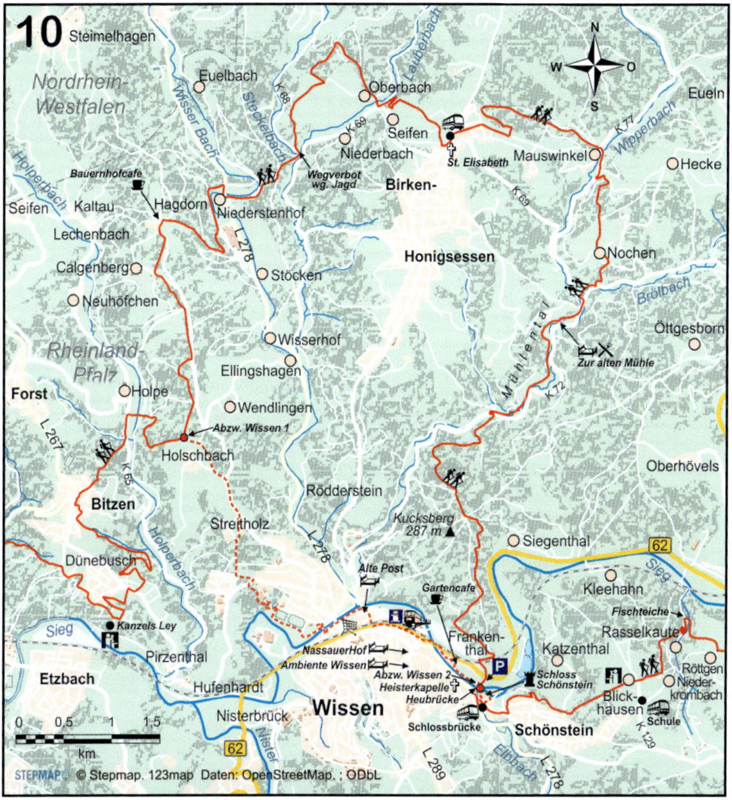

10
Steimelhagen
Nordrhein-Westfalen
Euelbach
Wisser Bach
Steckelbach
K 68
Oberbach
Lauberbach
N
W
O
S
Eueln
Seifen
K 69
Niederbach
St. Elisabeth
Mauswinkel
K 77
Wipperbach
Hecke
Holperbach
Bauernhofcafe
Wegverbot wg. Jagd
Birken-
K 69
Seifen
Kaltau
Hagdorn
Niederstenhof
Lechenbach
L 278
Honigsessen
Nochen
Calgenberg
Stöcken
Neuhöfchen
Brölbach
Mühlental
Rheinland-Pfalz
Wisserhof
Öttgesborn
Ellingshagen
Zur alten Mühle
Forst
Holpe
Wendlingen
K 72
L 267
Abzw. Wissen 1
Holschbach
K 65
Oberhövels
Bitzen
Rödderstein
Streitholz
Kucksberg 287 m
L 278
Siegenthal
62
Holperbach
Dünebusch
Alte Post
Sieg
Gartencafe
Kleehahn
Fischteiche
Sieg
Kanzels Ley
Franken-thal
Rasselkaute
NassauerHof
Katzenthal
Pirzenthal
Ambiente Wissen
Röttgen
Etzbach
Abzw. Wissen 2
Schloss Schönstein
Nieder-krombach
Heisterkapelle
Blick-hausen
Hufenhardt
Heubrücke
Nisterbrück
Wissen
Schule
0 0,5 1 1,5
km
Schlossbrücke
Schönstein
K 129
62
Nister
L 289
Elbbach
L 278
STEPMAP © Stepmap. 123map Daten: OpenStreetMap. ; ODbL

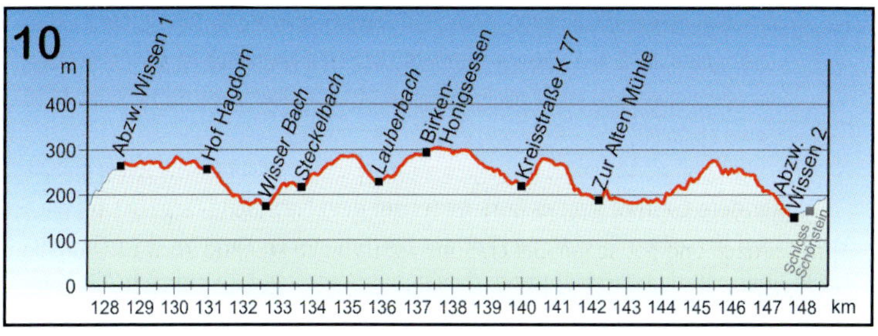
10
m
400
300
200
100
0
Abzw. Wissen 1
Hof Hagdorn
Wisser Bach
Steckelbach
Lauberbach
Birken-Honigsessen
Kreisstraße K 77
Zur Alten Mühle
Abzw. Wissen 2
Schloss Schönstein
128 129 130 131 132 133 134 135 136 137 138 139 140 141 142 143 144 145 146 147 148 km

Nahkauf, Hauptstraße 134, ☏ 027 42/61 61. Lebensmittelladen im Süden des Ortes. Dazu folgen Sie von der Kirche der Hauptstraße etwa 400 m nach rechts, d. h. südwärts. Mo bis Fr 6:00 bis 18:30, Sa 6:00 bis 14:00, So 8:00 bis 10:30

Gaststätte Zur alten Kapelle, Hauptstraße 205, ☏ 027 42/62 92, Dorfkneipe in schiefergedecktem Fachwerkhaus neben (nördlich) der Kirche, Mo, Mi, Do und Fr ab 16:00, Sa ab 15:00, So 10:30 bis 14:00 und ab 17:30

Sie folgen von der Gaststätte der Hauptstraße nordwärts, vorbei an der Bushaltestelle:

Buslinie 347 von/nach Wissen und Morsbach: Mo bis Fr 7-mal täglich, Fahrten nach Wissen um 6:00, 7:06, 8:51, 10:15, 12:45, 14:10, 16:40, 18:11, am Wochenende und in den Ferien abweichend

Nach der Bushaltestelle wandern Sie auf dem Natursteig Sieg nach rechts durch die Kapellenstraße und später durch die Straße Zum Strebental, ehe es links abwärts und in den Wald geht. Nach längerem Abstieg erreichen Sie eine Kreisstraße (km 11,4, ⇧ 220 m), der Sie 300 m folgen, ehe der Natursteig Sieg scharf links abzweigt und wieder durch Wald aufwärts und anschließend leicht abwärts über eine freie Fläche führt. Bei einer Kreisstraße halten Sie sich rechts (km 12,8, ⇧ 270 m) und folgen dem Natursteig Sieg abwärts durch Wald in das Mühlental mit dem Brölbach. Die namensgebenden Mühlen gehen bis ins Jahr 1400 zurück. In dem Tal müssen Sie knapp 5 Min. der Straße bis zur Alten Mühle (km 13,8, ⇧ 190 m) folgen.

Gasthof-Restaurant Zur alten Mühle, Im Mühlental 1, ☏ 027 42/61 71, fl.stricker@t-online.de, www.cafestricker.wix.com/cafe, einfacher Gasthof mit 6 Betten neben der um 1400 errichteten Wassermühle, deren Betrieb 1963 eingestellt wurde, GPS N 50°48.594' E 007°45.682'. Auf Nachfrage ist auch eine Übernachtung möglich. Ü im DZ mit Frühstück € 34, Gasthof Mi bis So 10:00 bis 13:00 sowie ab 15:00

Hinter dem Gasthof geht es links weiter auf dem Natursteig Sieg, der bis nach Wissen auf derselben Strecke verläuft wie der Botanische Weg, an dem Hinweistafeln über naturkundliche Besonderheiten am Wegesrand informieren. Sie wandern zunächst auf kleinerem Weg rechts neben der Straße durch das Mühlental.

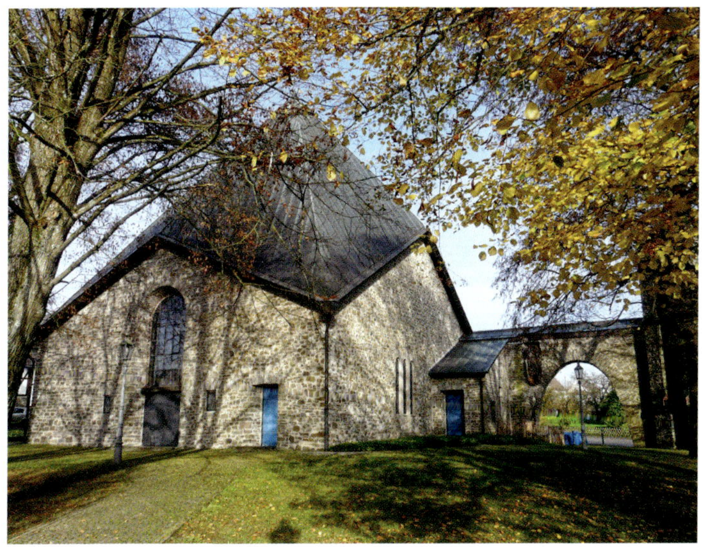

Kirche in Birken-Honigsessen

Nach 1,5 km queren Sie im Tal die Straße und folgen dem Natursteig Sieg links aufwärts aus dem Tal hinaus. 1,7 km weiter erreichen Sie am höchsten Punkt nahe dem 287 m hohen Kucksberg (rechts) eine Wegkreuzung (km 17, ⇧ 280 m): Auf dem Natursteig Sieg gehen Sie halb links weiter durch Wald, mit mehreren Kurven parallel zur Alten Poststraße und nach 1 km auf dieser. Über die Alte Poststraße führt der Natursteig abwärts durch Wald an den Ostrand von Wissen und überquert die Bahnlinie. Nach der vorsichtigen Querung der B62 erreichen Sie einen Wanderparkplatz mit (niedrig aufgehängter) Infotafel vor einer Fußgängerbrücke über die Sieg (km 19,3, ⇧ 155 m, GPS N 50°46.668' E 007°45.026'). Links von der Brücke führt ein Abstecher an der Sieg entlang nach Wissen.

Abstecher nach Wissen (➲ 1,2 km)

Links von der Brücke nehmen Sie den hinunter zur Sieg führenden Rad-/Fußweg, der Sie rechts an der Sieg entlang nach Wissen führt. Nach 400 m liegt rechts in einer netten Gartenanlage eine unkonventionelle Einkehrgelegenheit, ideal bei gutem Wetter:

Gartencafé Wissen, Im Frankenthal 27, 027 42/10 16, www.gartencafe-wissen.de. Das Café ist Mittelpunkt eines liebevoll angelegten, 5.000 m² großen Gartens der Familie Molzberger am Stadtrand von Wissen. Inmitten von Rosen-, Gemüse- und Kräutergarten laden mehrere Pavillons zur Rast ein. In der Außen-Gartenküche füllen sich Gäste selbst ihren Picknickkorb. Mi bis Fr ab 15:00, Sa ab 14:00, So ab 10:00

Nach 300 m quert der Natursteig Sieg zusammen mit der B62 auf einer Straßenbrücke die Sieg. Beim nach 100 m folgenden Kreisverkehr geht es geradeaus nach 100 m zum Bahnhof und nach links in das Ortszentrum mit seinen Hotels.

Infos zu Wissen: ☞ Ende von Etappe 9

Etappe 11: Siegbrücke Wissen bei Schloss Schönstein – Abzweig nach Scheuerfeld

12,2 km, 3 Std. 30 Min., ↑ 370 m, ↓ 260 m, ⇧ 150-310 m

0,0 km	⇧ 155 m	(zweiter) Abzweig von/nach Wissen (1,2 km)
0,2 km	⇧ 160 m	Abstecher zur Heisterkapelle (2 x 0,2 km)
0,4 km	⇧ 165 m	Schloss Schönstein
5,4 km	⇧ 225 m	Mittelhof, Im Eichenwald
8,0 km	⇧ 230 m	Steckensteiner Kopf
8,6 km	⇧ 220 m	Steckenstein
10,6 km	⇧ 295 m	Parkklause am Mobilheimpark
12,2 km	⇧ 265 m	Abzweig nach Scheuerfeld (1 km)

Am Ende der Etappen 11 und 12 gibt es keine Übernachtungsgelegenheit, allerdings sind während der Etappen Übernachtungen möglich sowie Abstecher nach Scheuerfeld/Betzdorf mit Übernachtungsgelegenheit(en) beschrieben.

Diese Etappe führt über die Höhenzüge südlich der Sieg: Sie starten am Ostrand von Wissen und passieren bereits zu Beginn den kulturellen Höhepunkt dieser Tour: das gut erhaltene Schloss Schönstein südlich der Sieg mit seinem Schlosspark und der Heisterkapelle in der Nähe. Abwechselnd durch Wälder und freie Landschaft mit viel Auf und Ab erreichen Sie nach kurzem Anstieg einen steil über der Sieg aufragenden Aussichtspunkt mit weitem Blick in das Siegtal und wandern danach weiter Richtung Scheuerfeld zum Ende dieser Etappe.

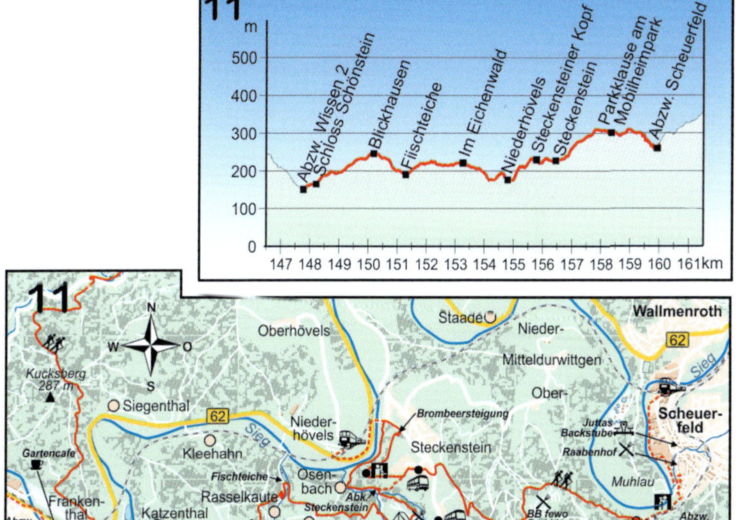

Zuweg aus Wissen (➲ 1,2 km)

Vom Bahnhof in Wissen folgen Sie der Hauptstraße (B62) nach links, auf den Kreisverkehr mit der Tankstelle zu. Beim nach 100 m erreichten Kreisverkehr führt der Zubringer nach links etwas unkonventionell über das Gelände der Tankstelle und weiter auf der B62 links an der Tankstelle vorbei und kurz darauf über die Sieg. Gleich nach der Siegbrücke geht es auf dem Rad-/Fußweg nach rechts und an der Sieg entlang, wo Sie nach 300 m zur Linken das Gartencafé passieren (☞ Etappe 10). 400 m danach erreichen Sie die Fußgängerbrücke über die Sieg, Startpunkt von Etappe 11.

Diese Etappe beginnt an der Siegbrücke (Heubrücke) am Ostrand von Wissen (km 0, ⇧ 155 m, GPS N 50°46.668' E 007°45.026), auf der Sie die Sieg südwärts Richtung Schloss Schönstein queren (u. a. Scheuerfeld 14,2 km). Nach der Brücke geht es an der Kreuzung links entlang der Schlossstraße.

Abstecher zur Heisterkapelle (➲ 2 x 0,2 km)

Bei der Kreuzung nach der Siegbrücke führt Sie die Heisterstraße durch eine Rechtskurve nach 200 m zur Heisterkapelle (GPS N 50°46.668' E 007°44.790').

✞ Zwischen Bäumen steht die 1714 in Fachwerk erbaute **Heisterkapelle**, die Patronatskapelle der 1402 gegründeten Schützenbruderschaft St. Sebastianus, die als ältester Verein des Westerwalds gilt und sich einst der Betreuung von Pestkranken und Wallfahrern widmete. Im eher schlicht gehaltenen Inneren der Schlosskapelle fällt der Blick auf den barocken Altar sowie die Statuen der Heiligen Sebastianus und Nepomuk.

150 m nach der Kreuzung geht es links in die Fürst-Hatzfeldt-Straße, wo sich gleich zur Linken die Burganlage von Schloss Schönstein erhebt (km 0,4, ⇧ 165 m).

Das im 13. Jh. erstmals erwähnte **Schloss Schönstein** liegt an der Mündung des Elbbaches in die Sieg. Kurz nach dem Bau war die Anlage als Burg *Sconensteyne* Pfandobjekt des Erzstiftes Köln und ging im 16. Jh. an Hermann von Hatzfeld-Werther über, der seiner Familie damit hohe Kosten aufhalste: Die Instandhaltung verschlang kurz nach der Übereignung 16.000 Gulden. Kurz darauf wurde das Schloss im Dreißigjährigen Krieg von schwedischen Truppen besetzt, geplündert und in Brand gesteckt, aber von der Familie von Hatzfeld wieder aufgebaut.

Rund um den Innenhof entstanden danach weitere Gebäude. Die Anlage besteht aus drei Teilen: dem Vorhof des Schlosses (die „Freiheit") mit Fachwerkgebäuden an drei Seiten, dem Burghof mit der Ringmauer und dem eigentlichen Schloss. Markant ist die zweigeschossige Holzgalerie am Ostflügel, die auf den Beginn des 17. Jh. zurückgeht.

Heute ist das Schloss Wohnsitz der Grafenfamilie von Dönhoff, deren bekannteste Exponentin in der jüngeren Vergangenheit Marion von Dönhoff war (1907-2003), langjährige Chefredakteurin und Mitherausgeberin der Wochenzeitung

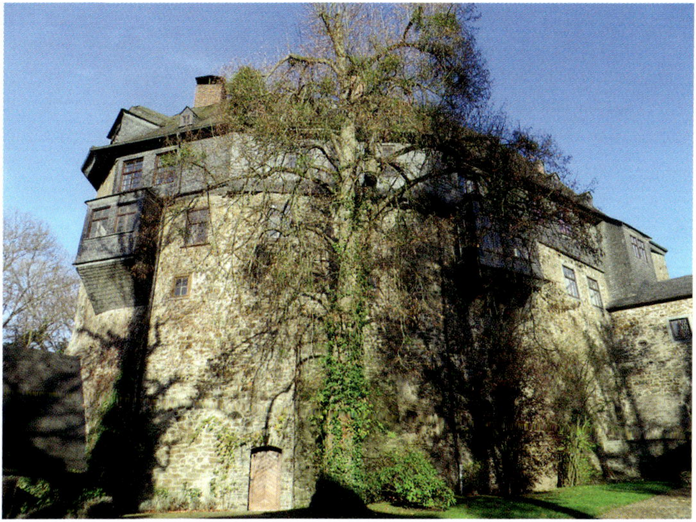

Schloss Schönstein

„Die ZEIT“. Wegen der Wohnfunktion können die Innenräume nicht besichtigt werden, wohl aber der große Schlosspark. Hier und im Schlosshof finden jährlich Veranstaltungen wie Konzerte oder ein Weihnachtsmarkt statt.

 Bushaltestelle Schlossbrücke mit Verbindungen der Linie 296 nach Wissen Bf. und Mittelhof sowie Steckenstein, Mo bis Fr bis zu 6 Verbindungen täglich

Von Schloss Schönstein folgen Sie der Fürst-Hatzfeldt-Straße aufwärts, um nach 300 m links in die Parkstraße zu biegen und diese nach 70 m in deren Rechtskurve nach links zu verlassen. Weiter geht es leicht aufwärts, erst durch offene Fläche, später durch Wald und am Waldrand entlang. Knapp 30 Min. nach der Burg queren Sie oben auf einer aussichtsreichen Hochfläche bei Blickhausen (km 2,5, ⇧ 250 m) eine Kreisstraße und folgen dem Natursteig Sieg geradeaus, jetzt absteigend. Weiter geht es abwechselnd über offene Flächen und durch Wald, vorbei an Fischteichen (km 3,5, ⇧ 190 m), bis Sie nach weiterem Anstieg und Landschaftswechsel bei Mittelhof einen großen Campingplatz erreichen, über dessen Gelände der Natursteig Sieg führt (km 5,4, ⇧ 225 m):

Camping Im Eichenwald, 57537 Mittelhof, ☏ 027 42/91 06 43, info@hatzfeldt.de, www.camping-im-eichenwald.de, südlich von Niederhövels bzw. der Sieg an der K127 Richtung Mittelhof, GPS N 50°46.837' E 007°47.919'. Großer und zur Hälfte mit Laubbäumen beschatteter ****Sterne-Platz (10 ha) mit mehr als 250 Plätzen, Internet-Terminal sowie Wohnungen und Wohnwagen zum Mieten, für Umweltbemühungen ausgezeichnet (Ecocamping). ganzjährig, Hunde erlaubt, pro Zelt € 3 und p. P. € 6

Gaststätte Lichtung am Eingang des Campingplatzes, ☏ 027 42/957 70 10

Bushaltestelle Mittelhof-Campingplatz mit Verbindungen der Linie 296 nach Wissen, Mo bis Fr bis zu 6 Verbindungen täglich

Am Ausgang des Campingplatzes folgen Sie dem Natursteig Sieg geradeaus durch Wald Richtung Scheuerfeld. Nach einer Bachquerung erreichen Sie eine T-Kreuzung (km 6,1, ⇧ 205 m). Der Natursteig Sieg führt nach links (Niederhöfels 1,9 km) – mit einer 2,5 km langen Schleife bei Steckenstein, die sich auch abkürzen lässt.

Abkürzung ohne Schleife (und ohne Aussichtspunkt) bei Steckenstein (2,1 km weniger)

Bei der T-Kreuzung nach der Bachquerung folgen Sie dem Weg nach rechts (Steckenstein 0,5 km). Nach 400 m mit leichtem Anstieg erreichen Sie kurz vor Steckenstein bei einer Bank wieder den Natursteig Sieg (bei km 8,6) und folgen diesem geradeaus auf dem Schotterweg Richtung Druidenstein.

Nach 500 m führt der Natursteig Sieg neben der Sieg entlang und erreicht nach weiteren 500 m einen Friedhof zur Rechten (km 7,1, ⇧ 175 m). Ab dort geht es auf Asphalt weiter zur Kreisstraße vor der Siegbrücke, der Sie mit der Sieg im Rücken nach rechts folgen (Scheuerfeld 7 km, Betzdorf 10,6 km).

Abstecher zum/vom Bahnhof Niederhövels (➲ 0,9 km)

Sie folgen der Straße nach links über die Siegbrücke, queren kurz darauf vorsichtig die B62 und folgen dem Radweg nach links, auf der rechten Seite der B62. Nach 600 m, am Ende der Rechtskurve, geht es nach links zum Bahnhof:

 Bahnhof Niederhövels mit stündlichen Verbindungen in folgende Richtungen:

- Richtung Siegen: um 32 nach (RB95), zu Stoßzeiten auch 02 nach (RB95)
- Richtung Köln bzw. Au: um 25 nach (RB95), zu Stoßzeiten auch 55 nach (RB95)

Nach 230 m verlassen Sie die Straße und steigen rechts auf sehr steilem kleinen Pfad kurz in Serpentinen aufwärts. Dieses 150 m kurze Teilstück ist nicht nur wegen der Steigung eines der anspruchsvollsten, sondern auch wegen der vielen Brombeersträucher am Wegesrand, die hoffentlich regelmäßig gestutzt werden!

Anschließend erwartet Sie eine entspannte Passage am Rand der Hochebene und des Waldes.

Aussichtspunkt Steckensteiner Kopf mit Geländer 500 m nach der Straße (km 8, ⇧ 230 m)

Panorama Steckensteiner Kopf

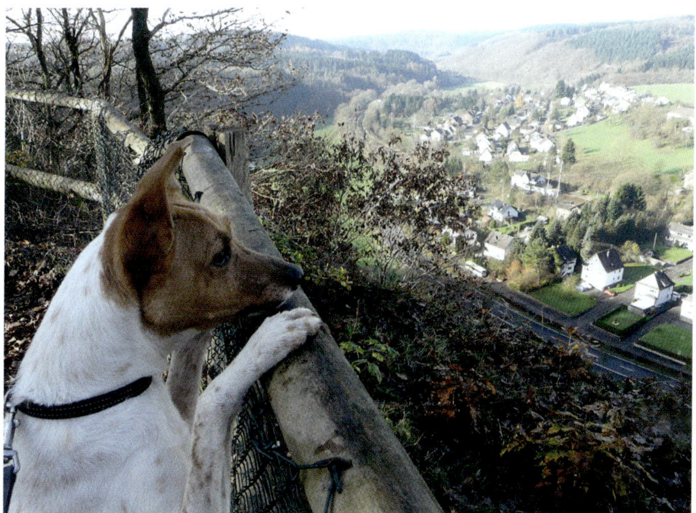

Nach einer Linkskurve über die Hochebene geht es schließlich durch freies Geländer abwärts auf den Weiler Steckenstein zu. Bei einer Bank (km 8,6, 220 m) folgen Sie links dem Natursteig Sieg auf einem Schotterweg Richtung

Druidenstein. Der Natursteig führt zunächst an den Beginn des Dorfes Steckenstein mit einer selten frequentierten Bushaltestelle:

 Bushaltestelle Steckenstein-Landgasthof mit Verbindungen der Linie 296 nach Wissen, Mo bis Fr bis zu 6 Verbindungen täglich

Sie folgen weiter dem Natursteig Sieg, der Steckenstein südlich umgeht und dabei die Kreisstraße quert, um anschließend aufwärts zu führen, erst durch freies Gelände, dann durch Wald bis kurz vor den sogenannten Mobilheimpark, der als Park für Mobilheime und später Wochenendhäuser mit rund 150 Parzellen konzipiert war, inzwischen aber großteils Dauerbewohner beherbergt (km 10,6, ⇧ 295 m).

✕ **BB fewo** Parkklause am Mobilheimpark, ☏ 027 42/91 17 66, 01 51/25 92 00 67, parkklause.mittelhof@gmx.de, www.parkklause-mittelhof.npage.de, einfache Gaststätte am Eingang des Mobilheimparks, Di bis So ab 11:00. Neben günstigen Getränken (ab € 1,50) werden auch Zimmer preiswert vermietet: DZ ab € 49, EZ € 27, Fewo € 65 pro Nacht und ohne Frühstück.

Sie folgen vor dem Park dem nach links abzweigenden Pfad.

Unten in der Siegschleife liegt das NSG „Graureiherkolonie Muhlau", ein 138 ha großes Naturschutzgebiet mit Flussauen im Siegtal und insgesamt 45 Rote-Liste-Arten, bekannt für Falter, Libellen, Graureiher und Eisvögel.

Nach 1,6 km erreichen Sie 200 m vor einer Hochspannungsleitung nahe dem Waldrand eine Abzweigung, das Ende dieser Etappe (km 12,2, ⇧ 265 m, GPS N 50°46.812' E 007°49.897'). Scharf rechts führt der Natursteig Sieg aufwärts Richtung Betzdorf (Etappe 12) und geradeaus ein Abstecher nach Scheuerfeld.

Abstecher nach Scheuerfeld

(➲ zur Ortsmitte 1 km, zum Bahnhof 2 km)

Sie folgen dem Zuweg geradeaus und kurz darauf abwärts. Sie halten sich immer links und erreichen nach 800 m die Hauptstraße von Scheuerfeld. Geradeaus geht es in die Ortsmitte, nach links auf dem Uferweg zum Bahnhof, wobei Sie 100 m vor der Bahnbrücke rechts der Siegstraße zum Bahnhof folgen.

Gaststätte Raabenhof, Hauptstr. 48, ☏ 027 41/221 50

Juttas Backstube, Kirchenstraße 1, ☏ 027 41/256 89

Bahnhof Scheuerfeld mit stündlichen Verbindungen in folgende Richtungen:

♦ Richtung Siegen: um 37 nach (RB95), zu Stoßzeiten auch 07 nach (RB95)

♦ Richtung Köln bzw. Au: um 20 nach (RB95), zu Stoßzeiten auch 50 nach (RB95)

In Scheuerfeld mit seinen 2.000 Ew., einem Ortsteil der Verbandsgemeinde Betzdorf, gibt es eine Reihe älterer Fachwerkhäuser, die bis auf das 17. Jh. zurückgehen.

Etappe 12: Abzweig nach Scheuerfeld – Alsdorf bei Betzdorf

13 km, 4 Std., ↑ 370 m, ↓ 420 m, ⇧ 195-455 m

0,0 km	⇧ 265 m	Abzweig nach Scheuerfeld (1 km)
2,8 km	⇧ 375 m	Abstecher nach Betzdorf (2,2 km BB)
3,6 km	⇧ 405 m	Die Alm
4,0 km	⇧ 385 m	Steineroth **fewo**
5,3 km	⇧ 450 m	Abstecher auf den Steinerother Kopf (2 x 0,1 km)
6,9 km	⇧ 315 m	Dickendorfer Mühle **fewo**
13,0 km	⇧ 195 m	Alsdorf

Diese Etappe führt Sie südlich der Sieg zu den bisher höchsten Höhen des Natursteigs Sieg, wobei ein kurzer Abstecher zum Gipfel des 478 m hohen Steinerother Kopfs möglich ist. Unten im Tal des Elbbaches passieren Sie die Dickendorfer Mühle, eine ehemalige Wassermühle. Der Natursteig Sieg verläuft einen Großteil dieser Etappe auf Teilen des Druidensteigs, einem 75 km langen Fernwanderweg rund um Kirchen. Sie können diese Etappe beträchtlich abkürzen, indem Sie die südliche Schleife ab Steineroth auslassen. Kurz davor ist auch eine Variante nach Betzdorf möglich.

Zuweg von Scheuerfeld-Bahnhof (2 km) bzw. Scheuerfeld (1 km)

Sie verlassen den Bahnhof nach rechts entlang der Industriegasse und Siegstraße zur Sieg hin. Dort geht es auf dem Uferweg südwärts zwischen Sieg (rechts) und Gewerbegebiet (links). Nach 1,4 km queren Sie die Hauptstraße und folgen leicht links versetzt dem Höfenweg und gleich darauf rechts dem Hardtweg aufwärts. Nach 500 m führt der Weg mit schönem Blick auf das Siegtal oben am Waldrand entlang und nach 250 m erreichen Sie bei einer Gabelung den Natursteig Sieg. Von vorne kommt Etappe 11, links beginnt Etappe 12.

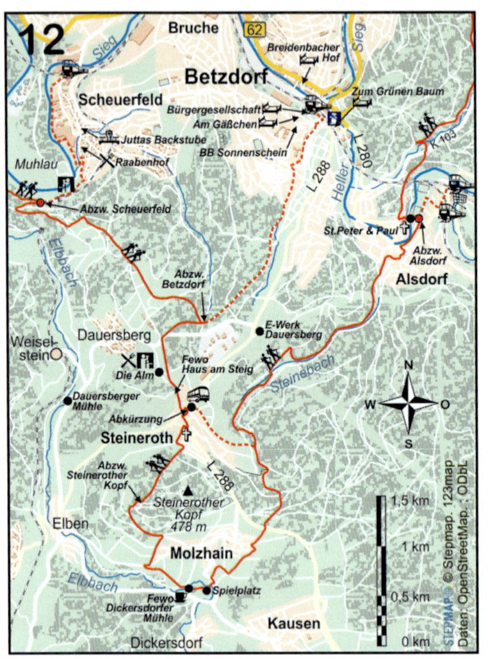

Vom Ende des Zubringers aus Scheuerfeld bzw. dem Ende von Etappe 11 (km 0, ⇧ 265 m, GPS N 50° 46.812' E 007°49. 897') folgen Sie dem Natursteig Sieg aufwärts durch Wald Richtung Betzdorf und Kirchen. Nach 300 m geht es bei einer T-Kreuzung nach links (km 0,3, ⇧ 300 m). Sie folgen dem Natursteig Sieg durch Wald erst in östliche, später südöstliche Richtung und queren nach 1,5 km in freiem Gelände Hochspannungsleitungen.

Nach knapp 1 km stoßen Sie auf den Druidensteig (km 2,8, ⇧ 375 m, GPS N 50°46.171' E 007°51.313'). Nach links zweigt der Abstecher nach Betzdorf ab.

↳ Abstecher nach Betzdorf (➲ 2,2 km)

Nach Betzdorf geht es an der Kreuzung links auf dem Druidensteig (Betzdorf 3,7 km) abwärts, vorbei am Eisweiher und später am Friedhof mit der Alten Friedhofskapelle. Zuletzt wandern Sie in Betzdorf vorbei an der Kirche St. Ignatius zum Rathaus, von wo Sie der Fußgängerzone über den Busbahnhof zum Bahnhof folgen.

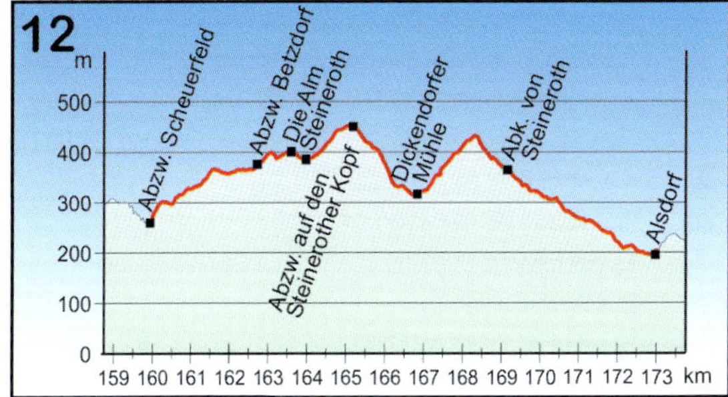

Betzdorf

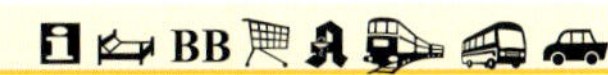

- Tourist-Information Betzdorf, Hellerstraße 2, 57518 Betzdorf, ☏ 027 41/29 10, vg@betzdorf.de, Mo bis Fr 8:00 bis 18:00, Sa 10:00 bis 12:00

Betzdorf bietet mehrere überwiegend sehr günstige Hotels, die meisten im Zentrum.

- ♦ Hotel Breidenbacher Hof, Klosterhof 7, ☏ 027 41/977 90, info@hotel-breidenbacher-hof.de, www.hotel-breidenbacher-hof.de, traditionsreiches familiengeführtes Haus 200 m vom Bahnhof bzw. Zentrum, nördlich der Sieg, GPS N 50°47.459' E 007°52.193'. EZ ab etwa € 75, DZ € 100, WLAN gratis
- ♦ Zum Grünen Baum, Hellerstraße 11, ☏ 027 41/93 38 21, info@hotel-zum-gruenen-baum.de, www.hotel-zum-gruenen-baum.de, einfacheres Hotel mit gutbürgerlicher Küche am Ostrand vom Zentrum, nahe der Bahnlinie, GPS N 50°47.242' E 007°52.499', EZ ab € 35, DZ ab € 70, WLAN gratis
- ♦ Hotel Restaurant Bürgergesellschaft, Augustastraße 5, ☏ 027 41/10 41, info@hotel-buergergesellschaft.de, www.hotel-buergergesellschaft.de, relativ ruhige Lage in der Altstadt, nahe dem Bahnhof, GPS N 50°47.293' E 007°52.258'. Familienbetrieb mit 8 Zimmern sowie Biergarten und Sonnenterrasse, der mit seinen Sälen und Kegelbahnen v. a. auf Veranstaltungen spezialisiert ist – wie der Name schon vermuten lässt. EZ ab € 42, DZ € 70
- ♦ Hotel Am Gäßchen, ☏ 027 41/975 79 80, service@zum-gaesschen.de, www.am-gässchen.de, kleines Hotel in der Altstadt, GPS N 50°47.280' E 007°52.177', relativ einfache, aber günstige Zimmer mit Du/WC und Kühlschrank sowie tw. Balkon, EZ ab € 36, DZ ab € 70. Die Gaststätte im Hotel hat Do und So Ruhetag.

BB Pension Sonnenschein, Burgstr. 23, ☏ 027 41/93 38 21, 01 51/11 55 07 50, pension-sonnenschein-betzdorf@t-online.de, www.pension-betzdorf.de, wenige Gehminuten südlich vom Zentrum, GPS N 50°47.241' E 007°52.156', Ü ohne Frühstück p. P. € 23, günstige Konditionen für Frühstück und Abendessen im Hotel Zum Grünen Baum, WLAN gratis, , Gemeinschaftsküche

mehrere Supermärkte am Ort, überwiegend entlang der B62 (Rewe, Lidl, Aldi)

4 Apotheken in der Ortsmitte

Taxi Hüsch, ☎ 027 41/30 04

Es gibt mehrere Busverbindungen von vier verschiedenen Gesellschaften, die alle im Busbahnhof abfahren.

Betzdorf ist ein Eisenbahnknotenpunkt verschiedener Regionalbahnen, an dem die Flussbahnen Daadetalbahn und Hellertalbahn an die Siegstrecke heranführen. Dadurch gibt es viele (jeweils mind.) stündliche Verbindungen in folgende Richtungen:

♦ Richtung Siegen: um 31 nach (RE9) sowie um 41 nach (RB95), zu Stoßzeiten auch 11 nach (RB95)

♦ Richtung Köln bzw. Au: um 29 nach (RE9) bzw. 17 nach (RB95), zu Stoßzeiten auch 47 nach (RB95)

♦ Daadeltalbahn (RB97) nach Daaden über Alsdorf: stündlich um 40 nach

♦ Hellertalbahn (RB96) nach Dillenburg über Alsdorf: stündlich um 41 nach, betrieben von der Hessischen Landesbahn

Die Stadt Betzdorf (⇧ 211 m) liegt an der Mündung des Flusses Heller in die Sieg und ist mit 10.000 Ew. der größte Ort des Landkreises Altenkirchen.

Betzdorf wurde urkundlich erstmals im 13. Jh. erwähnt und war wirtschaftlich lange Zeit relativ bedeutungslos. Wie andere Orte an der Sieg erwachte die Stadt mit dem Bau der Bahnlinie im 19. Jh. aus dieser Bedeutungslosigkeit: mit einem Rangierbahnhof für die umliegenden Eisenerzbergwerke. Der Funktion als Verkehrsdrehscheibe verdankte Betzdorf im Zweiten Weltkrieg mehrere Luftangriffe, wobei gut zwei Drittel der Stadt zerstört wurden. Der Brückenkopf an der Sieg war nach dem Einmarsch der Alliierten heftig umkämpft.

✝ Die neugotische St.-Ignatius-Kirche mit dreischiffigem Langhaus und Querhaus wurde 1882 erbaut.

Bei der Abzweigung nach Betzdorf folgen Sie dem Natursteig Sieg und dem Druidensteig nach rechts aufwärts durch Wald und nach 500 m bei der Kreuzung mit Schildern links (Alsdorf 9,2 km). Nach 400 m ist rechts der Zugang zu einer Einkehrgelegenheit (km 3,6, ⇧ 405 m, GPS N 50°45.906' E 007°50.923'):

Die Alm, ☏ 027 41/97 57 20, www.die-alm.de. Aussichtsreiche Lokalität mit 30.000 m² großem Gelände. Bei dem weiten Ausblick wird deutlich, woher diese Gaststätte ihren Namen hat ... Gemütlich und gutbürgerliche Küche, Mo ab 18:00, Di bis Sa ab 12:00, So 10:00 bis 21:00

Kurz darauf passiert der Natursteig Sieg das auf der Höhe liegende Dorf **Steineroth**. Noch vor dem Erreichen der Hauptstraße liegt links eine Übernachtungsgelegenheit:

fewo Ferienwohnungen „Haus am Steig", Dauersberger Straße 10, ☏ 027 47/93 00 23, 01 77/893 00 23, gerd.bender@imail.de, GPS N 50°45.757' E 007°51.106', Ü ab € 35

Bäckerei mit kleinem Café und Dorfladen neben der Bushaltestelle an der Hauptstraße. Zielgruppe sind eher Pendler und weniger Wanderer – wie die Öffnungszeit verrät: Mo bis Sa 5:30 bis 11:30.

Buslinie 271 Richtung Betzdorf mit eher seltenen Abfahrten, tagsüber z. B. Mo bis Fr 10:16, 11:15, 13:19, 14:43

Der Natursteig Sieg versucht in dem Dorf etwas krampfhaft die (wenig befahrene) Hauptstraße zu meiden, indem er bei dem Bäcker-Dorfladen einen kleinen Linksschwenker über die Bushaltestelle macht. ☺ Stattdessen können Sie vor dem Laden stehend der Straße auch gleich rechts folgen, durch die Linkskurve bis zum Platz mit der Kirche.

Dort wandern Sie auf dem Natursteig Sieg bzw. der Bergstraße nach rechts zum Ende des Dorfes, wo es links weitergeht und nach 100 m rechts aufwärts in den Wald (u. a. Druidenstein 13,6 km), weiterhin sowohl auf dem Natursteig Sieg als auch dem Druidensteig.

Abkürzung ohne Dickendorfer Mühle (0,8 km statt 5,1 km)

Vor dem Bäcker-Dorfladen in Steineroth stehend folgen Sie der Straße nach links und biegen nach der Bushaltestelle weniger scharf rechts ab als der Natursteig Sieg, sodass Sie auf der Weiherstraße rechts am Parkplatz vorbeigehen. Nach 100 nehmen Sie in der sehr scharfen Rechtskurve den in ursprünglicher Gehrichtung geradeaus führenden Fußweg (Wandermarkierung „S"), der Sie nach 700 m auf den Natursteig Sieg führt, dem Sie dann links folgen.

Druidensteig und „5“

Der 75 km lange Druidensteig führt in vier Etappen vorbei an einigen Sehenswürdigkeiten entlang der Sieg im nördlichen Westerwald rund um Alsdorf. Der als Qualitätswanderweg („Wanderbares Deutschland“) ausgezeichnete Steig folgt dabei der „magischen“ Zahl 5: Der Weg führt über 5 Berghöhen, durch 5 Dörfer, durch 5 Naturschutzgebiete, zu 5 Flüssen sowie zu 5 Sehenswürdigkeiten. Eine davon ist der Druidenstein, dem der Druidensteig seinen Namen verdankt.

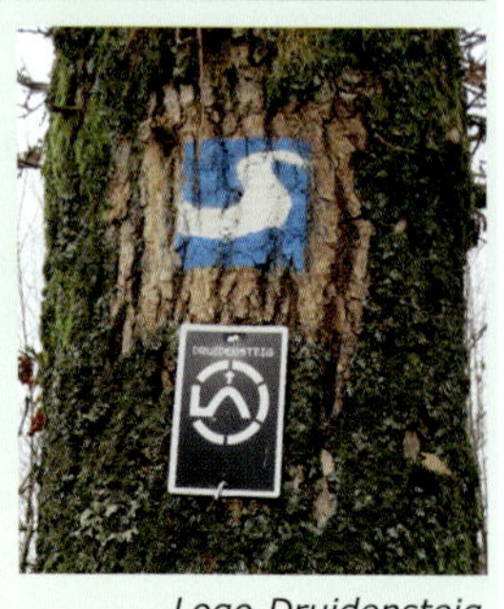

Logo Druidensteig

💻 www.druidensteig.de

↳ Nach 700 m (km 5,3, ⇧ 450 m, GPS N 50°45.212' E 007°50.771') ist nach links ein 100 m langer Abstecher zum Gipfel des Steinerother Kopfes möglich (⇧ 478 m).

Bei der Abzweigung zum Steinerother Kopf folgen Sie dem Natursteig Sieg nach rechts und in einer großen Linkskurve unterhalb des Gipfels am bewaldeten Hang entlang, um nach 700 m rechts über freie Fläche abwärts zu gehen. Nach mehreren Straßenquerungen halten Sie sich vom Talweg kommend scharf links und gehen auf dem Natursteig Sieg bzw. Druidensteig abwärts in den idyllischen Talgrund mit dem Elbbach, wo Sie nach einer Brücke auf die alten Gebäude der **Dickendorfer Mühle** stoßen (km 6,9, ⇧ 315 m). Die Dickendorfer (Wasser-)Mühle wurde urkundlich erstmals 1529 als Getreidemühle erwähnt. Im Jahr 1990 wurde der Mahlbetrieb eingestellt, und 10 Jahre später übernahm das Paar Sigrid und Hermann Zöller die Mühle und eröffnete dort ein Café. Der Elbbach treibt heute kein Mühlrad mehr an, sondern lässt eine Turbine Strom erzeugen.

☕ **fewo** Dickendorfer Mühle, ☎ 027 47/495, 💻 www.dickendorfer-muehle.de, 🚪 Café So ab 14:00, zwischen April und Oktober auch Sa ab 14:00. Außerdem gibt es ein Ferienhaus.

Der Natursteig Sieg führt links an dem Mühlengebäude vorbei (Alsdorf 5,9 km, Druidenstein 11,2 km) und nach 30 m links neben dem Bach entlang, ehe Sie sich nach 150 m beim Spielplatz und Insektenhotel links halten, auf der neuen Brücke erneut den Bach queren und danach die Treppe hinaufsteigen. Der Natursteig Sieg und der Druidensteig führen Sie im Folgenden rechts an der Siedlung Molzhain vorbei, ehe Sie nach Querung der Landstraße (km 8,1, ⇧ 415 m) wieder in den Wald abtauchen und in einigem Abstand östlich an Steineroth vorbei und dann abwärts durch Wald gehen.

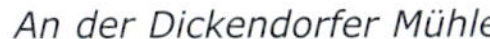

An der Dickendorfer Mühle

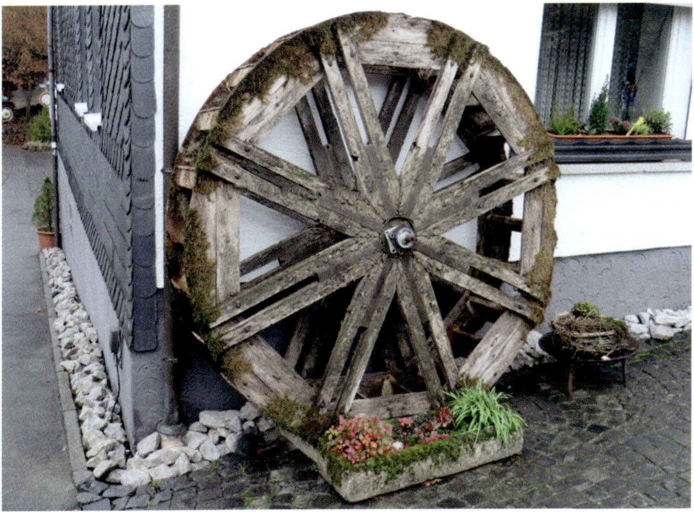

„Elektrosmog"! Sie kreuzen nach 2,2 km (km 10,3, ⇧ 310 m) mehrere Hochspannungsleitungen, die nach links zum 200 m entfernten Umspannwerk Dauersberg führen, einem der größten seiner Art in Deutschland. Mehrere wichtige Stromtrassen laufen hier zusammen, die das Rhein-Ruhr- und das Rhein-Main-Gebiet miteinander verbinden. Zwei 380-kV-Leitungen mit jeweils zwei Stromkreisen führen in Richtung Köln, zwei weitere in Richtung Frankfurt am Main, außerdem gibt es eine Leitung nach Dortmund.

Nach den Hochspannungsleitungen halten Sie sich zunächst rechts und folgen Natursteig Sieg und Druidensteig weiter abwärts Richtung Alsdorf, das Sie über die Lindenstraße erreichen. Über verschiedene kleinere Straßen geht es abwärts

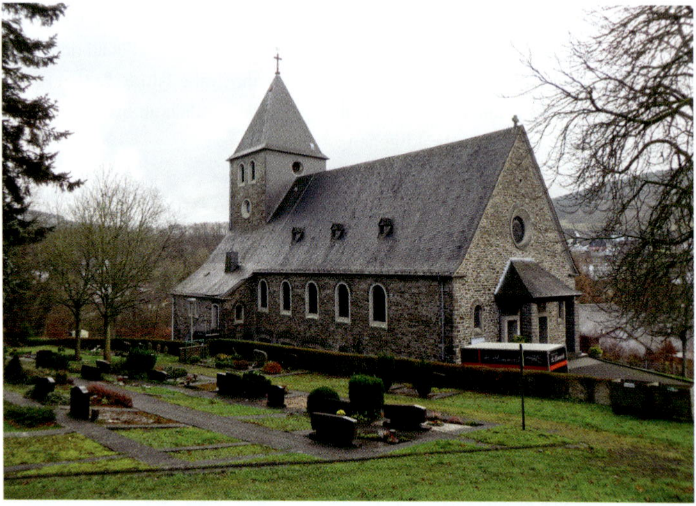

Kirche in Alsdorf

zur Hauptstraße, auf dieser 50 m nach rechts, um dann links die Austraße zu nehmen, die zur Heller und zum Sportplatz führt. Bei der Kreuzung am Sportplatz endet diese Etappe (km 13, ⇧ 195 m). Geradeaus führt ein Zubringer zum Bahnhof bzw. zu den Bahnhöfen und zu Einkaufs- und Einkehrgelegenheiten, während die nächste Etappe (13) nach links abzweigt.

Alsdorf

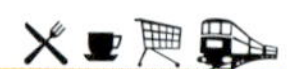

- Supermarkt (Norma) zwischen beiden Bahnhöfen
- Bäckerei-Konditorei neben dem Supermarkt, Mo bis Sa 7:00 bis 20:00
- Dönerladen gegenüber vom Supermarkt
- Alsdorf hat gleich zwei Bahnhöfe, die beide stündlich bedient werden (beide jeweils 18 nach Richtung Betzdorf): Alsdorf (vor Norma) von der Daadetalbahn (RB 97), Grünbacherhütte (hinter Norma) von der Hellertalbahn.

Das urkundlich erstmals 1248 erwähnte Alsdorf ist mit seinen 1.500 Ew. ein Ortsteil von Betzdorf, der früher vom Bergbau lebte. In Alsdorf stehen noch viele gut erhaltene Fachwerkhäuser aus dem 17./18. Jh., darunter das Hüttenschulzenhaus in der Schützenstraße 7.

Abstecher zum Bahnhof Alsdorf/Grünbacherhütte (0,5 km)

Sie folgen dem Zubringer am Sportplatz vorbei und danach durch das Gewerbegebiet. Nach 200 m geht es rechts in die Boelstraße und nach 100 m auf die Hauptstraße, der Sie nach links zu den beiden Bahnhöfen und dazwischen Supermarkt, Bäckerei und Dönerladen folgen.

Etappe 13: Alsdorf bei Betzdorf – Abzweig nach Kirchen

8,5 km, 3 Std., ↑ 375 m, ↓ 185 m, ⇧ 195-455 m

0,0 km	⇧ 195 m	Alsdorf
5,0 km	⇧ 440 m	Druidenstein mit Waldkiosk
8,2 km	⇧ 405 m	Ottoturm
8,5 km	⇧ 380 m	Abzweig nach Kirchen (2 km)

Die 13. Etappe bietet Ihnen mehrere außergewöhnliche Attraktionen: zunächst den Druidenstein, einen Basaltberg, der mit seiner markanten Kegelform kultischen Zwecken bei den Kelten gedient haben soll. Kurz darauf erreichen Sie einen weiteren Höhepunkt: den Ottoturm, dessen 18 m hohe Aussichtsplattform einen weiten Blick in das Siegtal und das dahinterliegende Wildenburger Land bietet. Beim Abstieg hinunter in das Siegtal ist auch ein Abstecher in den Kurort Kirchen möglich.

Zubringer vom Bahnhof Alsdorf/Grünbacherhütte zum Etappenstart (0,5 km)

Von den Einkaufsgelegenheiten zwischen den beiden Bahnhöfen Alsdorf und Grünbacherhütte geht es auf dem Zubringer südwärts entlang der Hauptstraße über die Gleise der Daadetalbahn. 100 m nach der Bahnquerung biegen Sie rechts in die Boelstraße und folgen der Straße nach 100 m durch die Linkskurve. Nach weiteren 200 m erreichen Sie eine Kreuzung neben einem Sportplatz, den Startpunkt der Tour.

Von der Kreuzung am Sportplatz geht es von den Bahnhöfen kommend nach rechts bzw. von Etappe 12 kommend nach links (u. a. Druidenstein 5,1 km, Kirchen 10,6 km), links am Sportplatz vorbei und kurz darauf auf einer Brücke über

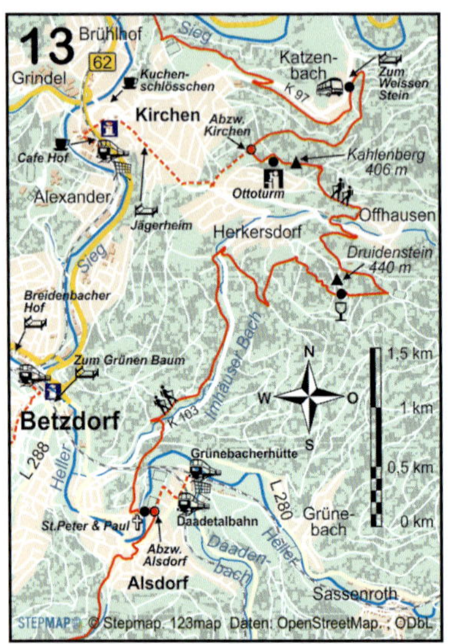

die Heller. Nach der Brücke wandern Sie links aufwärts und links an der ✝ Dorfkirche Peter und Paul vorbei. Unten lassen die vergitterten Fenster die Kirche eher wie ein Gefängnis erscheinen. Nach der Kirche führt Sie der Natursteig Sieg nach rechts und links am Friedhof vorbei aufwärts in zunächst nördliche Richtung. 600 m nach dem Friedhofsende queren Sie die Kreisstraße (km 1,1, ⇧ 240 m) und halten sich nach 150 m scharf rechts, um dem Natursteig Sieg weiter durch Wald in zunächst nordöstliche Richtung zu folgen. Der Steig verläuft jetzt längere Zeit parallel zu der Kreisstraße bzw. links von ihr, um sie nach 2 km (km 3,1, ⇧ 300 m) erneut zu queren. Durch Wald wandern Sie weiter aufwärts, queren dabei nach 200 m einen Forstweg. Nach 500 m stoßen Sie auf einen anderen Waldweg, wo Sie links gehen (km 3,8, ⇧ 365 m), um nach 600 m dem Zugangsweg zum Druidenstein rechts aufwärts zu folgen, unter Hochspannungsleitungen hindurch.

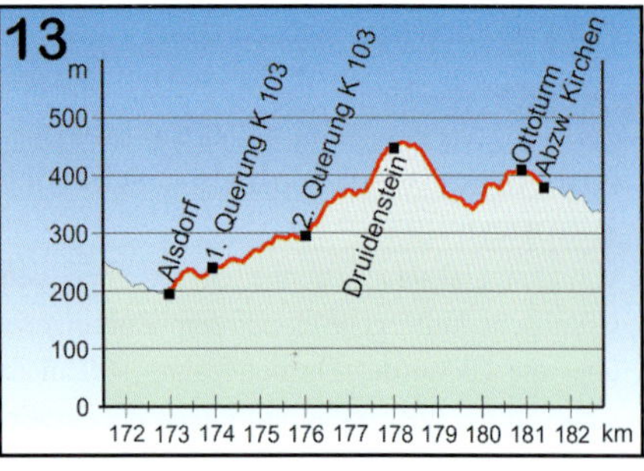

Nach etwa 10 Min. Anstieg auf dem in Kurven aufwärts führenden Pfad stehen Sie unvermittelt vor dem steil aufragenden Basaltberg Druidenstein (km 5, ⇧ 440 m, GPS N 50°47.716' E 007°54.636'), den Sie links umrunden, rechts vorbei an einer einfachen Einkehrgelegenheit:

🍷 Waldkiosk am Druidenstein, 🚪 Mo bis Fr ab 14:30, Sa und So ab 9:30

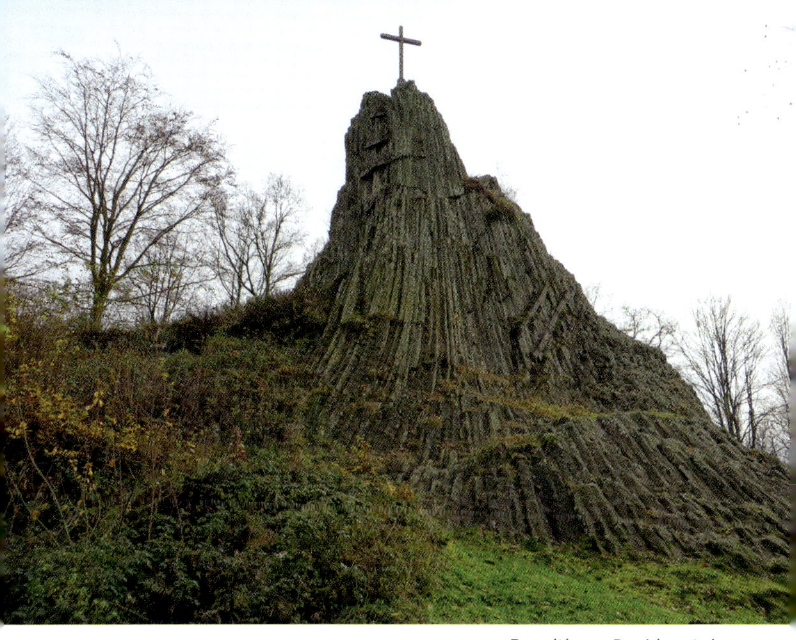

Basaltberg Druidenstein

Druidenstein – Kegel und keltischer Kult

Der Druidenstein erhebt sich als kegelförmiger Basaltfels auf einer Höhe von 440 m etwa 20 m hoch. Früher war er geringfügig höher, aber im Dreißigjährigen Krieg soll die markante Spitze abgebrochen worden sein, um den feindlichen Truppen ein wichtiges Orientierungsmerkmal zu nehmen.

Entstanden ist der Druidenstein im Jung-Tertiär vor etwa 25 Mio. Jahren, als vulkanische Magma aus dem devonischen Grundgestein nach oben geströmt war. Senkrecht zur Abkühlungsfläche bildeten sich säulenartige Strukturen. Seitdem haben Erosionskräfte den inneren harten Basaltkegel freigelegt, der zusehends weiter schrumpft. Die frühere Nutzung des Druidensteins als Steinbruch für den Straßenbau hat diesen Prozess noch beschleunigt. Seit 1869 steht der Druidenstein unter Naturschutz. Den Einschlag eines Blitzes im Jahr 1969 konnte das nicht verhindern; danach musste der Basaltkegel mit sechs Betonbalken gestützt werden. Seit 2006 darf sich der Druidenstein mit einem weiteren Prädikat schmücken: „Nationales Geotop“.

Bei den Kelten soll der Druidenstein eine Kultstätte gewesen sein und damit Schauplatz besonderer Rituale.

Der Druidenstein ist – indirekt – übrigens Namensgeber von Herkersdorf, einem Ortsteil von Kirchen. Dessen Namen soll auf die germanische Göttin Herka zurückgehen, die an der Opferstätte keltischer Priester am Druidenstein verehrt worden sein soll.

Nach einer halben Umrundung des Druidensteins folgen Sie dem Natursteig Sieg auf der östlichen Seite weiter durch Wald, um nach 300 m scharf links abzubiegen. Nach 500 m queren Sie links von einem Reiterhof die Zufahrtsstraße zum Druidenstein und folgen dem Natursteig Sieg abwärts durch Wald bis zu einem Friedhof (km 6,7, ⇧ 350 m), wo Sie der Straße (Im Wiesengrund) nach links folgen, um nach 100 m rechts abzubiegen, zwischen Schule (links) und Druidenhalle (rechts). Nun geht es wieder aufwärts durch Wald. Der gut markierte Natursteig Sieg führt Sie hinauf zum Ottoturm (km 8,2, ⇧ 405 m).

Ottoturm und darunter Tische und Bänke. Der Ottoturm verbessert die Aussicht vom bewaldeten, 406 m hohen Kalberg. Vom Turm bietet sich ein Rundblick über Teile des Siegerlandes und des Rothaargebirges.

Ottoturm – Neubau dank „Crowdfunding“

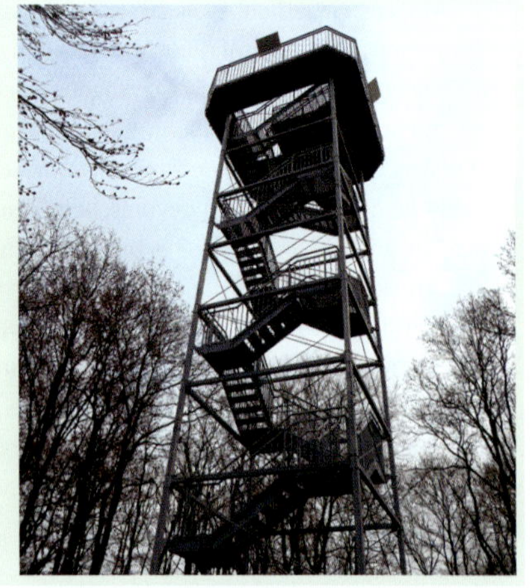

Der jetzige, 18,6 m hohe Ottoturm ersetzt seit 2010 den 16 m hohen Vorgängerbau aus Stahlfachwerk, der 2009 wegen durchgerosteten Stahls abgerissen werden musste. Daher wurde der jetzige Bau aus verzinktem und daher weitgehend rostfreiem Stahl erbaut – in nur 5 Tagen und mithilfe von 3.000 Schrauben. Die Kosten in Höhe von rund € 130.000 konnten dank Zuwendungen des lokalen Denkmalschutzvereins sowie privater Spenden finanziert werden: Für jede der 102 Stufen konnte ein Pate gefunden werden, der den Bau mit € 500 unterstützte – daher die kleinen Namensschilder an jeder Stufe.

Benannt ist der Ottoturm nach seinem ursprünglichen Stifter, Otto Stein. Dieser Industrielle aus Kirchen übernahm die ursprünglichen Baukosten der Version 1 in Höhe von 2.000 Goldmark. Im Zweiten Weltkrieg konnte sich die Bevölkerung dem Ansinnen erfolgreich widersetzen, den Turm infolge des großen Stahlbedarfs einzuschmelzen.

Am Ottoturm folgen Sie dem Natursteig Sieg geradeaus abwärts und nach 50 m nach links (außerdem Siegerland-Höhenweg), um nach 100 m auf dem Wiesenweg rechts abwärts zu gehen. Aufgewühlter Boden weist auf die Aktivität von Wildschweinen hin.

Bei der nach 100 m am Waldanfang folgenden T-Kreuzung endet diese Etappe (8,5 km, ⇧ 380 m, GPS N 50°48.357' E 007°53.935'). Nach links führt der Zuweg nach Kirchen, rechts beginnt die letzte Etappe des Natursteigs Sieg nach Mudersbach.

↳ Abstecher nach Kirchen (➲ 2 km)

An der T-Kreuzung am Waldrand gehen Sie links (Kirchen 2 km) und folgen nach 400 m vor der Straße dem Pfad halb rechts abwärts durch Wald.

✕ Waldhof Kirchen, Auf der Sohle 2, ☏ 027 41/972 80 54, 💻 www.waldhof-kirchen.de, Gasthof oberhalb von Kirchen, 500 m vom Ottoturm, 🚪 Mo, Do und Fr 17:30 bis 22:00, Sa und So 10:30 bis 14:30 sowie 17:30 bis 22:00

Nach 200 m führt der Zuweg aus dem Wald heraus und nähert sich der Höferwaldstraße an, der Sie abwärts in den Ort folgen. 500 m weiter passieren Sie zur Linken das Hotel Jägerheim.

🛏 Hotel Jägerheim, Hauptstraße 42, ☏ 027 41/630 45, einfaches Hotel mit 16 Betten an der Kreisstraße, GPS N 50°48.392' E 007°53.135'

Sie folgen der Straße ab dem Hotel noch 200 m, um dann links in die Schulstraße zu biegen, die Sie in die Ortsmitte mit u. a. Kirche und Rathaus führt (km 1,6, ⇧ 200 m). Von dort sind es nach links noch einige Hundert Meter zum Bahnhof.

Kirchen

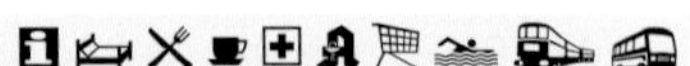

Tourist-Information Kirchen, Lindenstr. 1, 57548 Kirchen, ☏ 027 41/68 80, vg-kirchen@kirchen-sieg.de, www.kirchen-sieg.de → Touristik und Freizeit, Mo bis Do 8:00 bis 16:00, Di und Do bis 18:00, Fr 8:00 bis 14:00

Außer dem Hotel Jägerheim (☞ oben) gibt es noch einige andere Unterkünfte, die außerhalb liegen und im Routenverlauf genannt werden, sofern sie entsprechend günstig liegen.

KuchenSchlößchen, Mühlenweg 1, ☏ 027 41/616 71,
GPS N 50°48.575' E 007°52.905'. Legendäres Café mit großer Auswahl an Kuchen und anderem Gebäck. Di, Mi und Do 9:30 bis 22:00, Fr 9:30 bis 18:00, Sa und So 10:30 bis 18:00

♦ weitere Cafés bzw. Bäckereien im und am Bahnhof, z. B.

♦ Casa Kirchen, Bahnhofstr. 17, Café in Bahnhofsnähe, ☏ 027 41/93 61 36, Mo bis So 10:00 bis 18:30

Supermärkte im Zentrum (z. B. Netto, Bahnhofstraße 21) sowie im weiteren Umkreis (Radius von 500 m) vom Ort

3 Apotheken, allesamt in Bahnhofsnähe

DRK Krankenhaus Kirchen, Bahnhofstraße 24, ☏ 027 41/68 20, www.drk-kh-kirchen.de. Außerdem gibt es im Kurort Kirchen mehr als ein Dutzend praktizierende Ärzte.

Freizeitbad Molzberg, Auf dem Molzberg 2, ☏ 027 41/620 77, www.freizeitbad-molzberg.de. Hallenbad mit Cabriodach, d. h. im Sommer teilweise Freibad, täglich meistens etwa 9:00 bis 20:00, in der Schulzeit Di und Do ab 13:00, Eintritt € 4 (Sauna € 11)

Bahnhof für S-Bahn und Regionalbahn mit jeweils stündlichen Abfahrten pro Linie:

♦ Richtung Siegen: um 36 nach (RE9) sowie um 45 nach (RB95), zu Stoßzeiten auch 15 nach (RB95)

♦ Richtung Köln bzw. Au: um 24 nach (RE9) bzw. 13 nach (RB95), zu Stoßzeiten auch 43 nach (RB95)

Der Luftkurort Kirchen, laut Eigenwerbung „Perle an der Sieg“ genannt, ist mit seinen 8.550 Einwohnern und den 1969 eingemeindeten Ortsteilen Freusburg, Herkersdorf, Offhausen, Wingendorf und Katzenbach eine junge Stadt, die 2004 Stadtrechte erhielt. Der Ortsname tauchte im Zusammenhang mit der Freusburg erstmals im 14. Jh. urkundlich auf.

Im 18. Jh. boomte der Eisenerzabbau und führte zu Wohlstand: Kirchen galt als reichster Ort in Preußen mit dem damaligen Beinamen „Dorf der Millionäre". Die 12 km lange Bahnstrecke nach Freudenberg symbolisiert die veränderten wirtschaftlichen Schwerpunkte: Erbaut 1888 zur Förderung der aufkommenden Industrie ist die ehemalige Bahnlinie seit 2002 eine beliebte Route für Radfahrer und Wanderer.

Etappe 14: Abzweig nach Kirchen – Mudersbach

17,3 km, 5 Std., ↑ 495 m, ↓ 650 m, ⇧ 200-500 m

0,0 km	⇧ 380 m	Abzweig nach Kirchen (2 km)
1,7 km	⇧ 295 m	Katzenbach
6,1 km	⇧ 200 m	B62
6,8 km	⇧ 295 m	Freusburg
11,6 km	⇧ 500 m	Unterstand bei höchstem Punkt
17,3 km	⇧ 215 m	Mudersbach

Die letzte Etappe führt Sie weiter auf die Höhen nördlich des Siegtals. Zunächst wandern Sie in den Kirchener Stadtteil Katzenbach und weiter hinunter zur Siegschleife bei Kirchen. Nach der Querung der Sieg bei der alten Freusburger Mühle steigen Sie zur Freusburg auf, von der sich ein weiter Blick auf das Siegtal mit den südlich davon liegenden Höhen bietet. Weiter wandern Sie ostwärts durch den nördlichen Westerwald zum Endziel Mudersbach und passieren dabei den mit 500 m höchsten Punkt des Natursteigs Sieg.

Die Etappe beginnt an der Abzweigung am Waldrand unterhalb vom Ottoturm, dem Ende des Zuwegs aus Kirchen und der Etappe 13 (0 km, ⇧ 380 m, GPS N 50°48.357' E 007°53.935'). Vom Ottoturm kommend wandern Sie nach rechts, von Kirchen kommend geradeaus (u. a. Freusburg 6,9 km, Mudersbach 17,4 km).

Nach 900 m verlassen Sie den Forstweg auf dem links durch Wald abwärts führenden Pfad, der Sie in den Kirchener Stadtteil **Katzenbach** führt (km 1,7, ⇧ 295 m).

 Hotel Zum Weißen Stein, Dorfstraße 50, Kirchen-Katzenbach, ☏ 027 41/95 95-0, hotel@zum-weissen-stein.de, www.zum-weissen-stein.de, besseres/teureres Hotel im Ortsteil Katzenbach mit schönem Blick in das Siegtal sowie auf die Freusburg, an der Dorfstraße 40 m rechts vom Natursteig Sieg, GPS N 50°48.674' E 007°54.679'. Mediterran gestaltetem Restaurant, Zimmer mit Balkon. EZ ab € 70, DZ ab € 100

 Bushaltestelle Katzenbach-Mitte mit Verbindungen der Linie 255 nach Betzdorf via Kirchen: Mo bis Fr unregelmäßig alle 1 bis 2 Std. um 35 nach

In Katzenbach folgen Sie der Dorfstraße kurz nach links, um nach 20 m auf dem Natursteig Sieg links aufwärts zu steigen. Auf diesem wandern Sie am Waldrand entlang und links am Friedhof vorbei. Nach gut 1 km senkt sich der Natursteig vom Waldrand zur Straße hin ab. Sie folgen dieser für 170 m zurück nach rechts, um dann scharf links auf dem Natursteig Sieg unterhalb der Straße weiterzugehen und nach 400 m den Waldrand zu erreichen. Nach 700 m (km 4,2, ⇧ 270 m) führt der Natursteig Sieg hinter dem Sportplatz oberhalb von Kirchen an die Hardtkopfstraße heran, der Sie rechts folgen, kurz danach abwärts. Nach einigen scharfen Kurven im Kirchener Ortsteil Freusburg passieren Sie die heute eher freudlosen Gebäude der alten **Freusburger Mühle**. Seit dem 15. Jh. steht an dieser Stelle eine Mühle, die 1888 zur Walzmühle ausgebaut wurde. Bis 1978 wurde hier Korn gemahlen. An die Zeit erinnern das Mühlengebäude, zwei Silotürme und weitere ältere Industriebauten. Heute erzeugt ein kleines

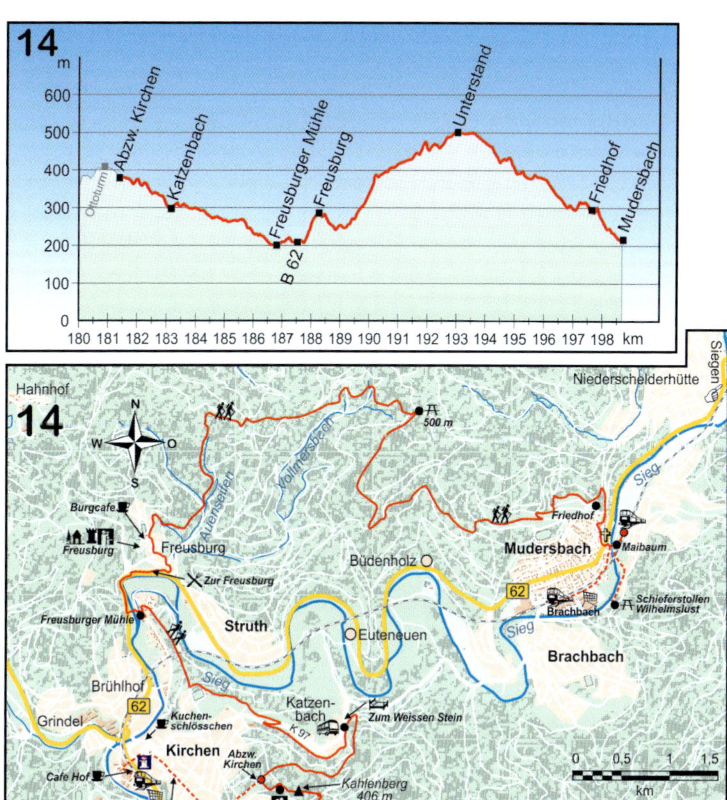

Wasserkraftwerk Elektrizität. Mit Energie hat auch die jetzige Nutzung des Mühlengebäudes zu tun, in dem heute ein Geschäft Öfen und Kamine ausstellt.

An der Mühle vorbei folgen Sie der Zufahrtsstraße über die Sieg hinüber (km 5,4, ⇧ 195 m) und zur B62, wo Sie rechts auf dem Bürgersteig weitergehen.

Nach 5 Min., 100 m nach der Rechtskurve, folgen Sie dem Natursteig Sieg nach links aufwärts (Backhausweg). Sie ignorieren die nach rechts abzweigenden Wege hinunter zur B62.

Der zweite Weg rechts führt hinunter zu einer Einkehrgelegenheit und zu einer Bushaltestelle (km 6,1, ⇧ 200 m):

Imbiss Zur Freusburg, Siegtalstraße 8, ☎ 027 41/93 18 76, www.zurfreusburg.de. Der Imbiss liegt direkt an der B62, GPS N 50°49.462' E 007°52.938', und ist bekannt für seine scharfe Currywurst. Die Schärfe ist nach der scu-Schärfeskala frei wählbar, bis zu 1 Mio. scu beim „Überlebenstraining Mr. Scoville Mega Scharf" (zum Vergleich: Pfefferspray hat rund 5 Mio. scu) – dank Habanero Chili Sauce (als schärfstes Gewürz im Guinness Buch der Weltrekorde eingetragen). Mo bis Fr 11:30 bis 20:00, Sa und So 17:00 bis 21:00

Bushaltestelle Gasthof Schloss mit wenigen Verbindungen der Linie 257 nach Kirchen Bf.: nur an Schultagen nachmittags 14:18 und 15:38

Sie folgen dem Natursteig Sieg geradeaus auf dem Backhausweg oberhalb der B62, nehmen nach 300 m den links abzweigenden Weg, halten sich kurz darauf links und gehen nach 30 m rechts aufwärts auf dem Wasenweg. Den letzten Teil zur Freusburg hinauf müssen sich Wanderer ihren Weg auf der kleinen Zufahrtsstraße mit Autos teilen. Nach 200 m erreichen Sie vor der Burgmauer eine T-Kreuzung (km 6,8, ⇧ 295 m). Der Natursteig Sieg führt weiter nach rechts, durch das Tor (Hellbachskopf 2,5 km, Mudersbach 10,5 km).

Nach links lohnt sich ein Abstecher zur Freusburg (2 x 50 m):

Über der Siegschleife erhebt sich am Prallhang gegenüber von Kirchen die **Freusburg**. Der Name Freusburg tauchte als *Fruodeesbraderofanc* erstmals im Jahr 913 auf, was so viel heißt wie „Herrensitz auf dem Fruodberg". Die Burg wurde vermutlich um 1100 erbaut und urkundlich erstmals im Jahr 1247 erwähnt. Im 16. Jh. erneuerte Graf Heinrich IV. von Sayn die Burg, die im 17. Jh. während des Dreißigjährigen Krieges von den Schweden belagert und kurzzeitig eingenommen wurde. Die Freusburg gelangte um 1896 in preußischen Besitz und diente als Forstwohnung. 1928 wurde in der Burg eine Jugendherberge eröffnet, die 1986 umfassend renoviert wurde und mit mehr als 50.000 Übernachtungen jährlich zu den meistbesuchten Herbergen des Landes zählt.

Jugendherberge Freusburg, Burgstr. 46, ☎ 27 41/610 94, jh-freusburg@djh-wl.de, www.djh-wl.de/de/jugendherbergen/freusburg, urige Lage in der alten Freusburg. Nach mehreren Modernisierungen – zuletzt 2008/09 –

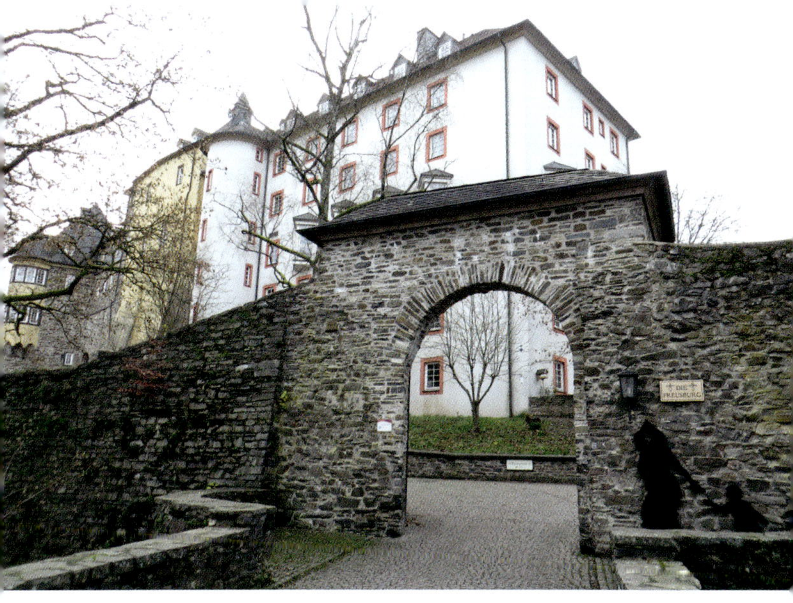

Freusburg

stehen 54 Zimmer mit eigenem Sanitärbereich zur Verfügung. Ü/F im Mehrbettzimmer ab € 20, inkl. Bettwäsche, Aufpreis für Abendessen etwa € 3,50. ganzjährig

Café Auf der Burg, Burgstraße 19, ☏ 027 41/93 15 83, Do und Sa 14:00 bis 20:00, Fr 14:00 bis 23:00, So 12:00 bis 20:00

von der Burg toller Ausblick auf das Siegtal

30 m nach dem Tor gabelt sich der Weg: Sie folgen dem Natursteig Sieg nach rechts abwärts in das Tal (Im Almengarten) und weiter durch die nördlichen Ausläufer des Westerwalds. Die Markierungen weisen bei den zahlreichen Abzweigungen sicher den Weg.

Eine Kreuzung bei einem Unterstand markiert den höchsten Punkt dieser Etappe und des gesamten Natursteigs Sieg (km 11,6, ⇧ 500 m). Hier folgen Sie dem Natursteig scharf rechts, zunächst in südwestliche Richtung, nach einem kurzen steileren Abstieg mit anschließendem linken Abzweig in östliche Richtung (km 13,1, ⇧ 425 m). Nach 1,7 km verlässt der Natursteig Sieg den Wald (km 14,8, ⇧ 360 m): Sie gehen bei der T-Kreuzung rechts und nach 50 m links über freie Fläche oberhalb von Mudersbach. Nach 600 m biegen Sie nach einer

Hochspannungsleitung noch einmal scharf links ab, um nach 100 m dem Natursteig Sieg rechts am Waldrand zu folgen. Nach 180 m leichten Abstiegs geht es links noch einmal kurz aufwärts in den Wald, um 600 m weiter in einer großen Schleife den oberhalb von Mudersbach liegenden Friedhof links zu umrunden. Nach dem Friedhof folgen Sie der Bergstraße abwärts und den Natursteig-Sieg-Markierungen durch kleinere Straßen abwärts in den Ort Mudersbach mit seinen vielen Schieferhäusern, rechts an der Kirche vorbei zur Hauptstraße, über diese hinüber und auf der anderen Seite die Treppe hinunter zur Bahnhofstraße.

Wenn Sie der Bahnhofstraße nach rechts folgen, erreichen Sie nach rund 500 m erst einen Supermarkt und kurz darauf den Bahnhof Brachbach:

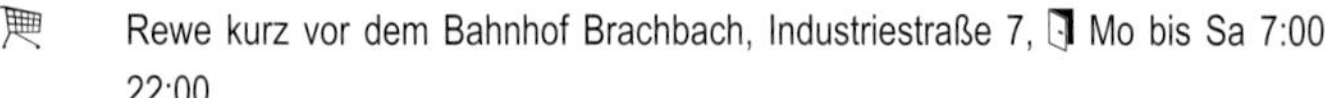

Rewe kurz vor dem Bahnhof Brachbach, Industriestraße 7, Mo bis Sa 7:00 bis 22:00

Bahnhof Brachbach (GPS N 50°49.333' E 007°56.544'), der anders als Mudersbach auch vom RE9 bedient wird. Die Abfahrtszeiten von Brachbach:

♦ Richtung Siegen: um 41 nach (RE9) sowie um 52 nach (RB95), zu Stoßzeiten auch 22 nach (RB95)

♦ Richtung Köln bzw. Au: um 18 nach (RE9) bzw. 07 nach (RB95), zu Stoßzeiten auch 37 nach (RB95)

Der Natursteig führt geradeaus weiter über die Siegbrücke Richtung Bahnhof Mudersbach und Schieferstollen Wilhelmslust. Weiter geht es zum kleinen Platz mit Maibaum, Lorenwagen und Infotafel kurz vor den Bahngleisen, wo sich der Weg gabelt (km 17,3, ⇧ 215 m). Der weitere Weg hängt vom Ziel Ihrer Rückfahrt mit der Bahn bzw. der Seite des Bahnhofs ab: Nach links geht es zu Zügen Richtung Köln (0,1 km), nach rechts und damit unter den Bahngleisen hindurch zu Zügen Richtung Siegen (0,3 km). Außerdem gelangen Sie rechts – dem Weg unter der Bahnlinie hindurch geradeaus folgend – nach 500 m zum Schieferstollen Wilhelmslust.

⌘ Der 80 m lange Stollen Wilhelmslust kann seit 2006 besichtigt werden. In dem beleuchteten und mit Kies ausgelegten Stollen herrscht eine gleichmäßige Temperatur von 8°C und dadurch eine relativ hohe Luftfeuchtigkeit von 90 %. Besichtigungen sind nach Voranmeldung möglich: ☎ 027 45/788 oder 15 50.

Bank und Infotafel vor dem Stollen

Dachschieferboom durch preußischen Ministerialerlass

Der aus toniger Gesteinmasse entstandene Schiefer wurde ursprünglich im Tagebau abgebaut, aber seit Mitte des 19. Jh. auch in Stollen. Denn der Bedarf an Dachschiefer war infolge eines preußischen Ministerialerlasses gestiegen, nach dem Häuser nicht mehr mit Stroh gedeckt werden durften. Der Mudersbacher Stollen Wilhelmslust wurde auf Initiative eines Dachdeckers mit einer Länge von 80 m den Boden getrieben.

Schätzungsweise rund 15 % des mithilfe von Hammer und Meißel geförderten Materials konnte als Schieferstein genutzt werden, der Rest diente für den Wegebau und Bruchsteinmauern.

Mudersbach

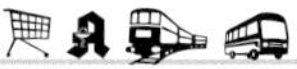

In Mudersbach gibt es keine Unterkünfte, dafür mehrere (rund 10) im 10 km entfernten Siegen, davon allerdings keines direkt am Bahnhof. Mudersbach am nächsten liegt das Hotel Siegboot, Eiserfelder Str. 230-232, ☏ 02 71/35 90 30, info@hotel-siegboot.de, www.hotel-siegboot.de. Eher schmuckloses ***Hotel mit 29 Zimmern und gratis WLAN an der B62, etwa 800 m vom Bahnhof Siegen-Eiserfeld, DZ ab € 95

Es gibt mehrere Einkehrgelegenheiten in Mudersbach und dem westlich anschließenden Brachbach. Neben drei Pizzerien (Industriestraße 7, Koblenzer Straße 52, Adolfstraße) ist die alteingesessene Gaststätte Zur Linde in der Bahnhofstraße 4 erwähnenswert, seit 2013 unter neuer Führung, ☏ 027 45/402, Mo bis Mi sowie Fr und So ab 17:00, Sa ab 15:00.

zwei Supermärkte in Bahnhofsnähe: Frische-Shop, Koblenzer Straße 36 (B62), 200 m vom Bahnhof Mudersbach, sowie Rewe Mockenhaupt, Industriestraße 7, zwischen den Bahnhöfen Mudersbach und Brachbach

Orchideen-Apotheke, Koblenzer Str. 39, ☏ 027 45/84 15, Mo bis Fr 8:30 bis 13:15 sowie 14:00 bis 18:00 (Mo, Do, Do bis 19:00), Sa 8:30 bis 12:00

Bahnhof Mudersbach (GPS N 50°49.647' E 007°57.090'). Die Abfahrtzeiten von Mudersbach mit RB95:

- Richtung Siegen: um 54 nach, zu Stoßzeiten auch 24 nach
- Richtung Köln bzw. Au: um 05 nach, zu Stoßzeiten auch 35 nach

Taxi Baumgarten, ☏ 02 71/35 34 30, www.taxi-baumgarten.de

Die Gemeinde Mudersbach liegt im rheinland-pfälzischen Landkreis Altenkirchen direkt an der Grenze zu Nordrhein-Westfalen mit der 10 km östlich liegenden Stadt Siegen. Beide Orte sind beim östlich gelegenen Stadtteil Niederschelderhütte zusammengewachsen, über die Landesgrenze hinweg.

Mudersbach wurde urkundlich erstmals um 1170 erwähnt. Der Ortsteil Niederschelderhütte war ab dem 18. Jh. Sitz einer Hütte, die bis zu 3.000 Menschen beschäftigte und erst 1980 vom Krupp-Konzern stillgelegt wurde. Der bedeutendste Betrieb in Niederschelderhütte ist heute die 1885 gegründete Erzquell-Brauerei (früher Siegtal-Brauerei), die u. a. Pils und verschiedene Kölsch-Marken braut.

Alte Loren am Parkplatz in Mudersbach

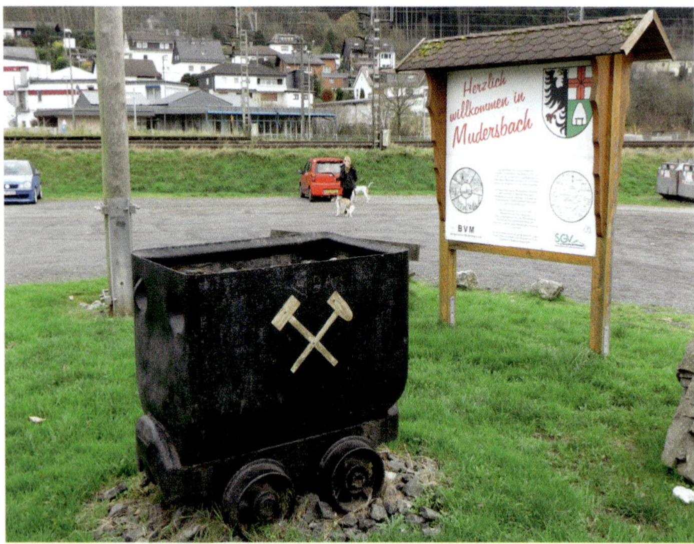

Es gibt in Mudersbach noch einige nette Fachwerkhäuser, die bis auf das 17. Jh. zurückgehen, etwa in der Bahnhofstraße (Nr. 12), der Konrad-Adenauer-Straße (Nr. 29, 30) und dem Hohlweg (Nr. 2, 5).

Index

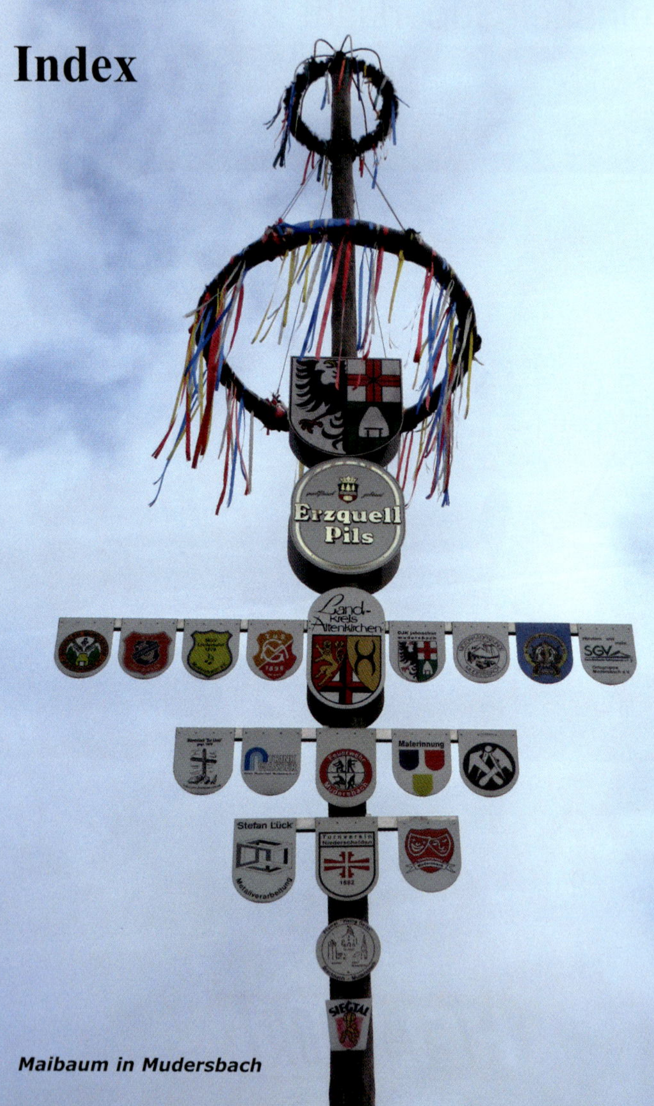

Maibaum in Mudersbach